AF311079

DE L'ALIÉNABILITÉ

ET DE L'ALIÉNATION

DU

DOMAINE.

AVERTISSEMENT.

Les ouvrages que l'on donne ici, le le premier seulement par extrait, sont composés depuis long-tems. On le verra, sur-tout dans celui-ci, par des maximes qui ont un peu passé de mode. Quant au second, il fut fait en 1776. On n'a pas cru devoir rien changer à l'un ni à l'autre. Peut-être est-il bon de voir à présent ce que pensoient, il y a 14 & 25 ans, sur la nécessité d'aliéner le domaine, deux hommes qui avoient approfondi une matiere que l'on pense devoir occuper les états-généraux.

Il est bon de dire ici aux lecteurs, que Philippe-Auguste ne possédoit, en 1202, que 45 prévôtés, dont sept avoient été acquises par lui; la reine Alix, sa mere, en tenoit en outre quatre autres pour son douaire. Ces 45 prévôtés rapportoient, suivant le compte de 1202, 32000 liv., le marc d'argent étant à 2 liv. 10 f. Les derniers rois de la seconde race n'en avoient plus que quatre ou cinq; le surplus étoit du patrimoine de Hugues-Capet, sauf Bourges,

acquis par Henri Ier, & quelques autres par fes fucceffeurs. Tout ce qui
compofe le domaine vient donc d'ac-
quifitions, de réunions, de confifca-
tions, de retraits, de traités de toute
nature. Voilà cependant ce que les domaniftes nous donnent pour l'ancien partage de la royauté, la dot inféparable
de la fouveraineté, enfin pour des chofes
inhérentes à la couronne & marquées du
fceau de *l'inaliénabilité*. J'efpere que
ceux qui prendront la peine de lire les
deux ouvrages qu'on leur préfente ici
réunis, penferont qu'il n'y a d'inaliénables que les attributs de la fouveraineté, & qu'il eft de l'utilité publique
d'aliéner des biens qui coûtent plus à
adminiftrer qu'ils ne produifent; d'en
deftiner le prix à l'acquittement des
dettes de l'état, enfin, de livrer à l'induftrie de la propriété privée tant de
fonds négligés, dont notre agriculture
a befoin pour fortir de fon état d'infériorité. Cet état d'infuffifance à nos
befoins eft tel que nous tirons de l'étranger pour environ deux cents millions de
denrées qu'elles devroit nous fournir.

DE L'ALIÉNABILITÉ
ET DE L'ALIÉNATION
DU
DOMAINE.

Analyſe d'un Manuſcrit ſur l'inaliénabilité du Domaine Royal, où l'on prouve :

1°. *Que ce Domaine a été aliénable dans ſon origine.*

2°. *Que les motifs qui ont déterminé à le rendre inaliénable en 1566, ſont contredits par des raiſons plus ſolides.*

3°. *Qu'il eſt de l'avantage du Roi & de la Nation que, dans l'état actuel de notre Gouvernement, l'Ordonnance de l'inaliénabilité ſoit révoquée.*

OUVRAGE POSTHUME.

L'ILLUSION de l'eſprit humain la plus commune & la plus dangereuſe, eſt,

A

fans contredit , celle qui nous porte à juger du tems paffé par le tems préfent, à interpréter les loix antiques, les diplômes & les chartres, par la façon actuelle de penfer & d'agir , & à ne pas remonter à l'origine des chofes pour en concevoir l'idée qu'on en avoit dans ces tems-là.

Par exemple, nous appliquons au mot *fifc* , l'idée d'un domaine royal, confiftant en héritage & droits fpécialement affectés à la royauté , c'eft l'idée qu'en avoient eue les Romains fous le bas empire ; le *fifc* défignoit pour lors le tréfor de l'empereur & de l'empire , *fifcus dicitur publicum ærarium & publica ratio principis feu imperii. Lib.* 49 , *pand. tit.* 14.

Mais nos ancêtres , en employant le même terme, après la conquête de Clovis, ne lui ont point donné la même fignification ; on voit par les monumens contemporains que le mot *fifc* défigne un domaine allodial, dont le roi avoit la pleine & libre difpofition, un bien patrimonial, une propriété. « *Fifcus pro re quæ fifci eft ad fifcum* » *feu ad dominium alicujus pertinet :* » c'eft dans ce fens que les anciennes chartres

(3)

portent : « *De fiscis & villis quas constat do-*
» *minis ecclesia & fidelibus olim fuisse con-*
» *traditas , & nunc potestati secularium tra-*
» *ditas. . . . Reginbaldus abbas innotuit no-*
» *bis qualiter eadem & fisca sibi pertinen-*
» *tia sub Manillone & Mundeburde atque*
» *immunitatis tuitione progenitores nostri*
» *priscius temporibus constituissent. . . . ad*
» *montes fiscus episcopalis.* » Ducange
gloss. p. 523 (1).

Si le mot *fisc* avoit signifié par lui-même
un domaine royal, ce nom adjectif *royal*
regius auroit été superflu ; il est néanmoins
employé dans ces anciens titres ; on y lit
namque idem ager Floriacensis fiscus regius
erat. . . . manens juxta regii villam fisci quam
Rosetum vocant . . . . locum Mauriaci , qui

---

(1) L'abbé Regimbaldus nous a fait connoître que
les rois, nos ancêtres, avoient pris sous leur protection
& sauve-garde les fiscs & les villes qui avoient été
données , dans les anciens tems , à l'église par les fi-
deles, & les villes qui sont maintenant entre les mains
des séculiers. . . Sur le haut des montagnes est le fisc
épiscopal.

A 2

fiscus regalis & capella regum Francorum.
Ibid (1).

Le savant Dumoulin, qui n'avoit pu con-
sulter ces anciennes chartres, dont la découverte ne s'est faite que depuis le commencement de ce siecle , est tombé dans une autre erreur , non moins dangereuse en pre-
nant les *fiscs* pour des fiefs ; il atteste qu'il a
vu lui-même des chartres antiques d'anciens
fiefs donnés à l'abbaye de St.-Germain-des-
-Prés, par Childebert, Ier. fils de Clovis I.
« Ex vetustis tum monumentis , tum ins-
» trumentis inveni feudorum hujusmodi ,
» & investitutorum auctores fuisse Franco-
» rum reges etiàm ante nativitatem Christi
» in Francorum orientali regnantes..... &
» ipse vidi antiqua instrumenta donationis
» feudorum antiquorum factæ per Childe-
» bertum primum Clodovicis I, filium,
» Francorum regem , monasterio Sancti-

____

(1) Le champ de Saint-Florent étoit un fisc royal...
Le village de Rozer est près du fisc royal... Le lieu
de Maurias est un *fisc royal* , & une chapelle des rois
de France.

(5)

» Germani - Pratensis , *tit.* 1 , *feud.* 12 &
» 13 (1).

Mais les diplomaticiens , & entre autres
le savant Muratori soutiennent avec raison ,
que Dumoulin a mal lu & mal interprété ces
chartres ; il l'accuse même d'erreur énorme
& indigne d'une réponse sérieuse. Si l'on
veut, dit-il, se donner la peine de lire les
anciennes chartres dont Dumoulin fait mention, on n'y trouvera pas même le mot *fief*
feudum, qui est d'une date bien postérieure.
L'institution des fiefs, ajoute ce profond
antiquaire, n'est pas si ancienne qu'on a
voulu nous le persuader. « Ruit ad primum
» aspectum Molinæi sententia ubi donatio-
» nem memorat antiquorum feudorum ,
» factam monasterio Sancti-Germani-Pra-
» tensis ; & quando enim dona à regibus
» effusa in monachos feudi nomen retulêre ?

____

(1) J'ai trouvé, dit-il, des fiefs de cette espece
dans les anciens monumens & titres ; ces fiefs tiroient
leur origine des rois des Francs, lorsqu'avant la nais-
sance de Jesus-Christ ils régnoient dans la Franconie
orientale. J'ai vu des chartres de donation d'anciens
fiefs concédés par Childebert Ier, fils de Clovis Ier, au
monastere de Saint-Germain-des-Prés.

A 3

» Ipfum diploma jam editum vide nihil
» tale exculpas. Deinde olim vaffus five
» vaffallus evadebat quifquis regi aut po-
» tentibus commendare fe poterat, *t. 1 an-*
» *tiquit. diff.* 11, p. 549 & 547 (1). »

Par exemple encore, nos hiftoriens &
nos jurifconfultes ont affimilé le domaine de nos rois à celui des empereurs romains ; ils ont même fuppofé que ce domaine & les droits de la fouveraineté avoient été transférés au roi Clovis, par l'empereur Anaftafe, en vertu d'un pacte folemnel : cependant l'auteur du manufcrit, par des nouvelles & profondes recherches, eft parvenu à démontrer :

1°. Que les empereurs romains d'Occident n'avoient point de domaine dans les Gaules.

____

(1) Au premier coup-d'œil on voit s'écrouler l'opinion de Dumoulin fur la conceffion d'ancien fiefs, faite au monaftere de Saint-Germain-des-Prés ; car l'époque des fiefs donnés aux moines par les rois, eft bien poftérieure. Le diplôme dont parle Dumoulin eft imprimé, & on n'y trouve point les fiefs qu'il croyoit y avoir vus. D'ailleurs, on devenoit pour lors vaffal en fe recommandant aux rois ou aux hauts feigneurs.

2°. Que les principales provinces de ce vaste pays étoient sénatoriales & non impériales.

3°. Qu'il n'y a eu rien de commun entre les droits de souveraineté des empereurs romains & ceux de nos rois.

4°. Que d'ailleurs l'empire romain d'Occident a été totalement détruit par le roi Odoacre, dès l'année 476, & qu'alors l'empire d'Orient étoit totalement distinct & séparé de l'empire d'Occident.

5°. Qu'à cette époque les nations barbares s'étoient emparées de toutes les provinces des Gaules, en sorte que les empereurs d'Orient ou d'Occident n'y avoient plus d'officiers ; ils s'étoient au contraire alliés avec les princes de ces nations.

6°. Que bien loin que Clovis ait été revêtu des offices effectifs, de maître de la milice, de patrice ou de consul des empereurs d'Orient ; ces trois offices sont, au contraire, devenus des dignités subalternes émanées de sa couronne par le nouveau droit public que ce prince a établi dans les Gaules.

7°. Que Clovis & ses enfans n'ont pu

faire, & n'ont effectivement fait aucun traité
avec les empereurs d'Orient ou d'Occident
fur la conquête des Gaules.

8°. Que le traité de paix, dont le préambule de la loi falique fait mention, fe ré-
fére à la confédération des tribus Germaines, par laquelle Clovis eft devenu roi
& général héréditaire de toutes les tribus,
à la charge de leur donner des établiffe-
mens fixes & permanens par la conquête des
Gaules.

9°. Que cette conquête a été fondée fur
les motifs les plus légitimes, quand même
elles auroient encore fait partie, pour lors,
de l'empire romain.

D'un autre côté, il falloit encore prou-
ver que ceux de nos hiftoriens & de nos
jurifconfultes qui font dériver le domaine
royal & les droits de la fouveraineté, du
gouvernement des Francs ou Germains,
antérieur au regne de Clovis & au pacte
de confédération, étoient également dans
l'erreur, & l'auteur du manufcrit l'a pareillement bien établi en démontrant :

1°. Qu'avant le regne de Clovis, la
royauté & le généralat avoient été diftincts
& féparés.

2°. Qu'il ne pouvoit point y avoir de domaine attaché à la royauté en Germanie, & fubftitué à la couronne, puifque le partage des terres n'y étoit qu'annuel ; *arva per annos mutant*, dit Tacite, dans fa defcription du gouvernement des Germains.

3°. Que le Domaine royal n'a pu fe former lorfque Clovis a été élevé à la royauté & au généralat, héréditaires de toutes les tribus germaines qui fe partageoient annuellement, furent abandonnées pour toujours, & où il n'y avoit point encore de conquêtes faites dans les Gaules.

4°. Que les terres depuis conquifes dans les provinces ont été toutes partagées au fort entre Clovis & fes compagnons d'armes, & qu'elles ont formé des fifcs, alleux, propriétés, feigneuries, pleinement difponibles.

5°. Quoique toutes les provinces des Gaules n'aient pas été affujetties à l'empire de Clovis par des victoires & par la prife des villes à main armée, il fuffit que celles qui n'ont pas été fubjuguées par la force des armes, fe foient foumifes à la fouveraineté par des capitulations, pour

que la conquête ait été générale , & auto-
riſer le conquérant & ſes ſucceſſeurs à
ſoutenir , comme ils l'ont fait , qu'ils ne
tenoient leur couronne que de Dieu & de
l'épée.

6°. La preuve inconteſtable que la conquête des Gaules par le roi Clovis a été générale , ſe tire de l'état d'infériorité , au-
quel ont été réduits les Romains ou anciens
habitans des Gaules , en vertu du nouveau
droit public établi par ce prince , ſuivant
lequel il y a eu entre le Franc & le Romain une différence notable dans les com-
poſitions , dans la maniere de procéder en
juſtice , dans les alliances & l'aſſujettiſſe-
ment au tribut ou cens dont les Francs
étoient exempts.

Ces réflexions préliminaires étoient in-
diſpenſables , non-ſeulement pour détruire
les préjugés ſur leſquels nos ineptes domaniſtes ont appuyé la prétendue inaliénabilité du domaine royal , mais même pour
établir la baſe la plus ſolide de ſon aliénabilité; car la maxime que le roi de France
ne tient que de Dieu & de l'épée , ne peut
ſe concilier avec l'inaliénabilité du domaine

royal ; la défenſe de l'aliéner ne pourroit être formée que ſur la ſuppoſition que ce domaine auroit été concédé au roi par la nation , & qu'il le tiendroit même à titre de dot & de ſubſtitution graduelle & perpétuelle.

Or, Bodin , le plus ſavant de nos publiciſtes , nous atteſte que cette maxime ; *le roi ne tient que de Dieu & de l'épée* , eſt ſi ſacrée , ſur-tout au barreau , qu'un avocat ayant dit dans ſa plaidoirie que le roi tient du peuple ſa royauté , les avocats généraux ſe leverent ſoudain & requirent que ces mots fuſſent rayés , que la cour l'ordonna & que l'avocat oncques ne plaidât cauſes. p. 748.

Ainſi l'auteur du manuſcrit ſur le domaine a été bien fondé à employer la maxime , *que le roi ne tient que de Dieu & de l'épée* , pour premiere preuve de ſa premiere propoſition , que par notre droit public , & même par la premiere loi conſtitutive de notre monarchie , le domaine de nos rois a été & a dû être aliénable.

La ſeconde preuve , également péremptoire , eſt plus remarquable , parce qu'elle rend encore plus ſenſible l'ineptie des domaniſtes : c'eſt ſous prétexte de reſtreindre le pouvoir du roi & de l'obliger à tenir de la nation , qu'ils ont imaginé une prohibition d'aliéner ſon domaine ; ils n'ont pas apperçu que c'étoit au contraire lui ouvrir une voie certaine pour parvenir au deſpotiſme le plus abſolu & rendre ſerve toute la nation.

En effet , ſi le roi profite de toutes les voies qui lui ſont ouvertes pour acquérir , par confiſcation , par déshérence , par vacance de poſſeſſion , de fait ou de droit , par union , par réunion , par retrait & par les contrats ordinaires ; & qu'il ne pût aliéner , même à titre d'inféodation & d'accenſement , il ne tarderoit pas à réunir dans ſa main toutes les ſeigneuries & même toutes les propriétés du royaume.

Or , on appelle monarchie ſeigneuriale & deſpotique , celle où le ſouverain eſt propriétaire de tous les biens , & où les poſſeſſions ne ſont que précaires ; les domaniſtes ont donc été aſſez mal aviſés pour vouloir prévenir, par la prohibition, d'aliéner, un mal imaginaire & en introduire un autre aussi réel que funeste.

L'auteur du manuscrit a fait une nouvelle découverte très-importante sur la différence entre la couronne & le domaine ; l'une a toujours été indivisible & inaliénable ; l'autre, au contraire, a été sujette au partage & même aux aliénations perpétuelles. Les droits de la couronne, sous Clovis & sous ses successeurs, n'ont été divisés que quant à l'administration ; le domaine au contraire, & les droits qui en dépendent, ont été réellement partagés, & les partages en ont transféré la propriété incommutable.

Par exemple, Clovis en donnant à Thiéry, son fils aîné, le commandement des troupes, ne lui avoit déféré que l'administration des droits de la couronne ; mais la part que Thiéry eut dans le domaine conquis, lui resta en toute propriété, & c'est par cette raison que son domaine fut plus considérable que celui de ses freres, suivant la remarque des historiens, parce qu'à la quatrieme partie du domaine de

Clovis, qui lui échut par le partage de la succession, il joignit le domaine acquis par ses conquêtes. Il avoit été, en qualité d'aîné, associé au trône par le roi Clovis.

Au décès de ce prince, les droits de sa couronne ne furent divisés que quant à l'administration de la puissance publique ; l'unité de la monarchie & de la couronne fut représentée par la prérogative d'aînesse, par l'uniformité des qualités des quatre administrateurs de la puissance souveraine, par la situation différente de la portion d'administration & de la partie domaniale, par l'indivision de la capitale, par la sujétion à une même loi & à une même procédure, enfin par la réunion à la couronne des portions d'administration qui s'opéroit de plein droit au décès de chaque co-partageant, au lieu que les portions du domaine ont été transférées à perpétuité aux enfans & héritiers de chaque co-partageant.

Ces raisons de la différence essentielle entre la couronne & le domaine, appuyées sur un grand nombre de textes, forment la troisième & la quatrième preuve de l'aliénabilité du domaine royal : la brièveté

d'une analyſe ne permet pas de les détail-
ler ici.

L'auteur du manuſcrit cite pluſieurs loix
qui ont autoriſé l'aliénation perpétuelle du
domaine royal, ſoit pour fonder des égliſes
& monaſteres, ſoit pour récompenſer les
ſervices rendus à l'état, & une multitude
de chartres, de diplômes & de lettres-patentes par leſquelles ces aliénations ont été
confirmées par nos rois: ces monumens de
notre droit public ont fourni à l'auteur du
manuſcrit la cinquieme & ſixieme preuves
de l'aliénabilité du domaine royal.

La ſeptieme & huitieme preuves ſont
fondées ſur les deux faits bien conſtatés,
ſavoir, qu'à l'avénement de Pepin & de
Hugues Capet à la couronne, le domaine
royal étoit totalement épuiſé par des aliénations perpétuelles; que la couronne leur a
été déférée telle qu'elle avoit été ſous la premiere & la ſeconde race, & qu'il n'y a
eu aucun pacte pour ſubſtituer à la couronne royale le patrimoine particulier de
ces deux princes.

L'auteur du manuſcrit fait réſulter la
neuvieme & la dixieme preuves de l'alié-

nabilité du domaine royal, de l'hérédité des bénéfices sous la seconde race de nos rois, & inféodations sous la troisieme. Ces deux révolutions dans notre droit public fournissent deux nouvelles preuves que Pepin & Hugues-Capet, en montant sur le trône, n'avoient point substitué leurs domaines à la couronne royale.

Les bénéfices, n'étant devenus des seigneuries héréditaires sous la seconde race, & des fiefs perpétuels sous la troisieme, qu'en faveur des seigneurs ecclésiastiques & séculiers, ils ont donc encore aujourd'hui le plus grand intérêt qu'il n'ait point existé pour lors une loi fondamentale prohibitive de l'aliénation perpétuelle du domaine royal; car si elle eût existé pour lors, elle exisreroit encore actuellement: il est certain qu'elle n'a point été révoquée, & qu'on ne peut prescrire contre une loi vraiment fondamentale: elle entraîneroit donc tous les fiefs, & elle feroit tout réunir au domaine de la couronne.

Ces preuves si convaincantes, si importantes pour le roi & pour la nation, notamment pour les seigneurs ecclésiastiques & séculiers,

féculiers, font déja preffentir que les motifs qui ont déterminé à rendre le domaine
royal inaliénable , par l'ordonnance de
1566, peuvent être contredits par des raifons plus folides.

L'auteur du manufcrit n'a point affoibli
les motifs fur lefquels eft fondée l'ordonnance de 1566, pour donner plus de force
aux raifons qu'il y oppofe.

L'analyfe des uns & des autres fera déja
connoître que ce profond antiquaire pro-
pofe le pour & le contre avec la plus grande
impartialité.

Il expofe que le premier & le principal
motif de déclarer le domaine inaliénable ,
a été, 1°. que les rois de France tiennent de
la nation leur couronne, & fur-tout leur
domaine ; 2°. qu'il fe forme une alliance
entre le monarque & fa couronne ; 3°. que
cette couronne lui apporte en dot un domaine fourni par la nation , qu'il ne peut
donc en difpofer ; 4°. & qu'au contraire
fon propre patrimoine , en s'uniffant au domaine royal, contracte l'impreffion de fubftitution dont il eft grévé par la loi fondamentale de l'état.

L'auteur obſerve que plus on s'eſt perſuadé que ces idées étoient favorables à notre gouvernement , & plus on a fait de vains
efforts pour les ſoutenir & même les ac-
créditer. Lorſque les magiſtrats & les juriſconſultes les plus célebres ont ſoutenu cette
opinion , on n'avoit pas encore fait la découverte des monumens de notre droit public , deſquels il réſulte qu'il n'y a point de
domaine donné par la nation au roi Clovis , ,
lorſqu'il eſt devenu roi & général de toutes les tributs germaines; qu'il n'a pu même
y avoir pour lors lieu à une dot & à une
ſubſtitution , puiſque la nation germaine
abandonnoit les terres qu'elle avoit con-
quiſes en Germanie , & ſe propoſoit de con-
quérir les Gaules poſſédées par d'autres nations barbares , & où les empereurs d'Occident ou d'Orient n'avoient plus ni domaines ni droits.

D'ailleurs , la maxime *que le roi ne tient
que de Dieu & de l'épée* , étoit reconnue pour
loi fondamentale de la monarchie. Or ,
cette loi eſt abſolument inconciliable avec
celle de l'inaliénabilité d'un domaine , ſuivant laquelle le roi l'auroit tenu de la

nation à titre de dot & de fubftitution.

Pour foutenir la prétendue exiftence d'une dot fournie au roi & fubftituée par la nation, on a allégué pour deuxieme & troifieme motifs, que nos rois, à leur avénement à la couronne, font ferment de ne point aliéner leur domaine, & que dans la cérémonie de leur facre, la nation eft réputée les élire & leur transférer la royauté.

Mais indépendamment de ce que ces deux motifs ne peuvent fe concilier avec la maxime qu'un roi conquérant, tel qu'a été Clovis, ne tient que de Dieu & de l'épée, c'eft qu'il eft de fait conftant, & conftaté par l'auteur du manufcrit, 1°. qu'il n'eft fait aucune mention de l'inaliénabilité du domaine royal dans tous les facres de nos rois; 2°. que la monarchie étant héréditaire, *le mort faifit le vif*, & que le roi fucceffeur tient fa couronne de la loi des fucceffions, comme il réfulte de tous les procès-verbaux du facre de nos rois, que cet auteur a vérifiés au tréfor des Chartres. Il a encore obfervé que ces mots latins, *eligere, confentire*, dans nos anciens monumens, n'ont pas la fignification qu'on leur donne aujourd'hui , qu'ils ne les y ont employés , fuivant nos plus favans antiquaires & publiciftes , que pour défigner l'aquiefcement , l'acclamation , le fuffrage & la foumiffion des fujets , la loi qui défére aux rois de France la couronne & les droits qui en dépendent.

Le favant M. de la Guefle , procureur-général du parlement , a employé pour quatrieme motif de l'aliénabilité du domaine , l'oppofition que formerent les envoyés du roi Childebert à ce qu'il ne fût rien compris de domanial dans la dot que donnoit le roi Chilpéric à fa fille. Ce motif n'a paru décifif que parce qu'on n'a pas fait attention qu'il étoit queftion du mariage d'une fille de France avec un prince étranger , & que c'eft par cette feule raifon que la dot ne devoit pas confifter en domaine & feigneuries. Le traité d'Andely contient cette exception ; il n'autorife à doter une fille de France en domaine & en toute propriété , que fous la condition qu'elle réfidera en France , *quandiù infrà regionem Francorum fuerit.*

On donne pour cinquieme motif de l'inaliénabilité du domaine royal, qu'il fournit à l'entretien de la maison du roi, aux apanages des enfans mâles de France, aux dots des reines & filles de France, & au soutien de la grandeur & du lustre de la maison royale, tellement que c'est au dépérissement du domaine qu'on impute la chûte des deux premieres races de nos rois.

Si nos rois & les princes & princesses du sang royal ne tiroient, comme anciennement, leurs subsistances que des fruits de leurs domaines, on ne devroit pas en conclure que ces domaines sont inaliénables, mais seulement qu'il convient de ne pas aliéner ceux qui serviroient à ces subsistances.

Mais depuis que nos rois & les hauts seigneurs n'ont plus eu de serfs pour faire valoir leurs domaines, l'expérience a prouvé que la culture des domaines faite par des domestiques & par des journaliers dont il faut payer les salaires, est devenue plus onéreuse que profitable.

C'est pour cette raison que la maison du roi & celles des princes & princesses ne font plus entretenus par les fruits de leurs domaines.

Quant aux apanages & aux dots, ils confiftent plus dans les titres de dignité & de feigneurie que dans les productions du terrein ; & ce terrein aliéné feroit repréfenté par des droits ordinaires & cafuels, équivalans aux productions de la terre, & d'une perception plus facile.

Ce n'eft pas de l'aliénation du domaine matériel qu'eft venue la chûte des deux premieres races de nos rois, mais de ce que les dignités, les feigneuries & les droits, mêmes régaliens, avoient été une fuite de l'aliénation des fonds de terre.

Le fixieme motif de l'inaliénabilité du domaine fe tire de ce que le roi en jouit comme mineur, & qu'il y fuccède comme à un bien fubftitué, puifqu'il n'eft pas tenu d'acquitter les dettes de fon prédéceffeur.

Suppofer que le roi fût perpétuellement dans les liens de l'interdiction, & qu'il ne pût, ni s'engager, ni contracter, ce feroit fans doute faire l'injure la plus grave à la monarchie la mieux conftituée de toutes celles qui ont exifté jufqu'à préfent.

Si nos loix n'ont accordé à notre monarque que le privilege de la minorité, lorfque d'un autre côté elles ont avancé le tems de fa majorité, ce n'eft pas que, faute d'intelligence, il ne puiffe veiller à la confervation de fes droits ; le légiflateur ne peut être fufpecté de ne pas entendre les loix : on a au contraire, fuppofé que, toujours occupé des plus grandes affaires de l'état, il ne pouvoit veiller par lui-même à la confervation des droits de fon domaine.

L'ordre particulier de la fucceffion à la couronne tient plus à la nature du gouvernement qu'à la perfonne du roi ; c'eft pourquoi Loifeau a très-bien obfervé que le roi repréfente l'état, qu'il eft réputé contracter pour l'état, & qu'il eft, par conféquent, tenu des dettes que fon prédéceffeur a contractées pour le bien & le falut de l'état. C'eft dans ce fens que les plus grands monarques font perfonnellement affujettis à leurs propres loix & à leurs promeffes. *Digna vox eft majeftate regnantis legibus alligatum fe principem profiteri.* Leg. 4, cod. de leg. & conft. prin. *Gratanter ergo juffa cæleftia amplectantes damus modeftas fimul nobis*

& subditis leges. Leg. Wofigit. lib. 2, art. 2.

Lorfque nos rois ont eu le malheur d'être faits prifonniers de guerre, ils ont fait le facrifice de portions confidérables de leur domaine ; ce qui a donné lieu d'en faire un feptieme motif de le rendre ina-li.n.able.

Mais du principe attefté par Loifeau, que le roi repréfente l'état, que la fouveraineté eft la forme qui donne l'être à l'état même, que l'état & la fouveraineté prife, *in concreto*, font fynonimes, que l'état eft ainfi appellé, parce que la fouveraineté eft le comble & le période de la puiffance où il faut que l'état s'arrête & s'établiffe, il falloit en conclure que la rançon du roi eft la dette de l'état, & que fi cette dette, quoiqu'elle concerne un prince étranger, exige que le domaine royal foit aliéné, pourquoi cefferoit-il d'être aliénable, lorf-qu'il s'agit de payer des dettes de l'état contractées par le roi envers fes fujets, pour fubvenir aux befoins de l'état.

D'ailleurs, le roi, en fa feule qualité de feigneur fuferain, pourroit invoquer le

droit féodal qui oblige les vaffaux à défen-
leur feigneur pendant la guerre, & à payer
fa rançon s'il eft fait prifonnier de guerre;
c'eft un des quatre cas de la taille admis
par nos coutumes.

On a prétendu que les ordonnances des
treizieme & quatorzieme fiecles avoient
ftatué fur l'inaliénabilité du domaine royal;
on a cité entr'autres, l'ordonnance faite à
Montpellier en l'année 1275, & celle du
roi de Sicile de l'année 1285, & les ordonnances de nos rois de 1304, 1321,
1333, & on en a fait un huitieme motif
de l'ordonnance de 1566.

L'auteur du manufcrit obferve, à l'é-
gard de ces ordonnances :

1°. Qu'elles font introductives d'un droit
nouveau quant à l'inaliénabilité du domaine, & qu'elles prouveroient par conféquent
l'aliénabilité antérieure.

2°. Qu'elles n'ont eû pour objet que la
révocation des aliénations mal faites ; elles
contiennent cette difpofition, *male alienata
de domaniis ad domania reducenda.*

3°. Que les ordonnances de 1356 & 1361,
qui paroiffent avoir adopté indéfiniment la

prétendue maxime de l'inaliénabilité du domaine, n'ont point eu d'exécution.

Le nouvieme motif qui a fait regarder le domaine comme inaliénable, vient de la méprise de nos praticiens; ils ont appliqué au domaine royal les loix faites pour la conservation des propres & pour l'intégrité des fiefs.

Lorsque le service militaire se faisoit en personne par les vassaux & par les possesseurs d'alleux, il étoit de l'intérêt du roi & de l'état que les fiefs & les alleux fussent conservés dans leur intégrité. Mais il ne falloit pas appliquer ce motif au domaine royal, puisqu'au contraire l'inféodation de ce domaine procuroit au roi & à l'état une augmentation du service militaire en tems de guerre : ce motif a même céssé à tous égards depuis que le roi s'est chargé de tout le service militaire.

On sait que le tiers-état ne s'est formé que depuis le onzieme siecle ; l'intérêt qu'on a imaginé qu'il avoit dans l'inaliénabilité du domaine, est le dixieme motif qui l'a fait introduire.

Il résulte effectivement des arrêtés faits

dans les affemblées des trois états, que la
majeure partie des contributions au fervice
militaire étoit toujours fournie par le tiers-
état, & qu'en conféquence ces députés -
avoient le plus d'influence dans les déli-
bérations : ils en prirent prétexte pour réclamer contre l'abus par lequel les libéra-
lités que faifoit le roi par l'aliénation de fes
domaines, n'avoient pour objet que le haut
clergé & la haute nobleffe ; ils alléguerent
pour motif que les contributions augmen-
toient à proportion de la diminution du
domaine, fur-tout dans ces tems-là où le
domaine fourniffoit à l'entretien de la mai-
fon du roi ; & ils font enfin parvenus à faire
ftatuer, par les états de 1356, de 1423,
de 1483, & par l'ordonnance de 1559,
que le domaine royal feroit inaliénable
pour quelque caufe que ce fût, & nonobf-
tant les vérifications qui en auroient été
faites.

Ces premieres loix, fur l'inaliénabilité,
étoient fi exceffives qu'elles n'ont point eu
d'exécution, mais quoiqu'on y ait même
dérogé par l'ordonnance poftérieure de
1566, on voit déja par la difcuffion des pré-

tendus motifs de l'inaliénabilité du domaine , qu'elle n'auroit point été adoptée
par cette ordonnance , si ces motifs avoient
été pour lors suffisamment approfondis &
discutés.

L'auteur du manuscrit a employé , dans
la troisieme proposition , les raisons qui
doivent porter à révoquer l'ordonnance de
1566 , touchant la prohibition d'aliéner le
domaine royal , à titre d'inféodation ou
d'accensement , il y démontre que l'état
actuel de notre gouvernement l'exige.

La premiere raison est fondée sur la découverte de nos anciens monumens , qui
nous ont fait connoître que par la constitution de notre monarchie , nos rois ne tiennent leur couronne & leur domaine que de
Dieu & de l'épée , que ce domaine ne vient
ni de la concession des empereurs romains,
ni d'une dot fournie & substituée à la couronne par les tributs germaines , lorsqu'elles se sont confédérées , & que la royauté
& le généralat ont été héréditairement dé-
férés à Clovis, pour leur procurer des éta-
blissemens fixes & permanens par la conquêtes des Gaules.

La seconde raison se tire de la fausseté
du préjugé de nos domanistes qui s'étoient
figuré que l'inaliénabilité du domaine royal
formeroit un obstacle à l'introduction du
despotisme en France, pendant qu'au contraire la défense d'aliéner & la permission
d'acquérir, formeroient une voie aussi, certaine que facile pour parvenir au despotisme.

En effet, si les rois Louis XIV &
Louis XV avoient employé en acquisition
de terres & seigneuries les deniers qu'ils
ont levés sur leurs peuples pendant leurs
regnes, ils auroient certainement réunis
dans leurs mains toutes les propriétés &
toutes les seigneuries du royaume. Or,
lorsque le monarque parvient à concentrer
dans sa personne toutes les propriétés, il
rend son gouvernement seigneurial & des-
potique, il commande arbitrairement à des
sujets qui ne tiennent que de lui leur for-
tune & même leur vie.

On avoit imaginé que les ventes à faculté de rachat, autorisées par l'ordonnance
de 1566, empêcheroient le trop grand ac-
croissement du domaine royal, & qu'elles

fourniroient même de prompts fecours dans les befoins preffans de l'état.

Mais outre que le roi feroit toujours le vrai & le feul propriétaire des fonds tenus de lui à titre d'engagement, outre qu'il auroit la faculté d'y rentrer quand il le jugeroit à propos, c'eft que l'expérience a prouvé que les fimples engagemens du domaine royal en occafionnent le dépériffement; bien loin de les améliorer, on les laiffe dégrader, pour que le monarque n'ait pas intérêt d'en exercer le rachat.

* D'un autre côté, les perfonnes puiffantes qui ont ufé de leur crédit pour obtenir à titre d'engagement des feigneuries domaniales, emploient le même crédit pour que le rachat ne foit point exercé; d'où il arrive que ces ventes faites à vil prix, ont néanmoins l'effet des ventes perpétuelles : elles ne donnent point d'ailleurs ouverture aux droits feigneuriaux par les mutations poftérieures, & les officiers du roi qui n'ont point d'intérêt perfonnel à veiller à la confervation du domaine engagé, le perdent tellement de vue, qu'il devient facile aux engagiftes de le dénaturer & de le confondre

avec leurs autres biens patrimoniaux. Ces inconvéniens, qui ne font que trop fréquens, produifent la troifieme raifon de révoquer à cet égard l'ordonnance de 1566.

La quatrieme eft pareillement relative aux hauts feigneurs eccléfiaftiques & féculiers : la plus grande partie de leurs biens-fonds dérive d'anciennes aliénations perpétuelles du domaine royal ; & fi l'ordonnance de 1566 n'étoit qu'une confirmation d'une loi fondamentale, comme le prétendent les domaniftes, la prefcription ne pourroit être oppofée à cette loi ; elle pourroit donc dans tous les tems donner lieu à des recherches immenfes, fur-tout à l'égard du haut clergé & des plus richés maifons de France.

La cinquieme raifon concerne le tiers-état, dont la plus grande partie s'eft formée par des chartres d'affranchiffement & de bourgeoifie royale, émanée du roi, mais avant cette conceffion, cette partie du tiers-état étoit ferve de corps & d'héritages, & fi étroitement liée aux feigneuries, qu'elle étoit comprife dans les aveux & dénombremens comme les autres parties des feigneuries foncieres. L'inaliénabilité de ces feigneuries pourroit donc la faire rentrer dans fon ancien état de fervitude.

Pàr la fixieme raifon, l'auteur du manuf-crit remonte à la conftitution de notre gou-vernement, qui confifte effentiellement dans la hiérarchie des refforts & des mou-vances en pairie fupérieure & pairie fubal-terne; elles émanent du monarque, feule fource de la puiffance des dignités, des ref-forts & des mouvances. Ces prérogatives accordées par le roi aux feigneurs & à leurs fucceffeurs même en ligne mafculine & fé-minine, s'éteignent néceffairement par le laps des tems, & la perte totale de la hié-rarchie en feroit la fuite néceffaire, fi l'or-donnance de 1566, fur l'inaliénabilité du domaine royal, formoit un obftacle à l'érec-tion des fiefs de pairie fupérieure & infé-rieure.

Quant aux fiefs fimples & non dignitaires, nos coutumes ont toujours permis d'en alié-ner le domaine à titre de fous inféodation & d'accenfement, c'eft, difent ces coutu-mes, faire de fon domaine fon fief. La réferve de la propriété directe, le droit de faifie & de retraite, confervent la vraie pro-priété;

priété ; c'est pourquoi ces dispositions sont appellées de simples jeux de fief ; nos coutumes ont seulement pourvu à ce qu'il n'en résultât aucun préjudice envers les seigneurs suzerains, & cet inconvénient ne peut même avoir lieu, lorsque le roi, suzerain de tous les autres suzerains, dispose de son domaine à titre d'inféodation ou d'acensement.

Il y a encore cette différence entre les fiefs dignitaires & les fiefs simples ou les alleux, que nos loix féodales & nos coutumes ont statué, que les premiers ne seroient point sujets à division & partage, parce qu'elles ont fixé l'étendue de domaines & de mouvances, dont chaque seigneurie de dignité devoit être composée pour en soutenir le lustre, au lieu qu'elles n'ont rien prescrit à l'égard de la division ou du partage des fiefs simples & des alleux.

Il faut même observer que le domaine de nos rois n'a jamais cessé d'être allodial, parce que la couronne de France n'auroit plus été souveraine, si dans aucun tems elle avoit été assujettie à la suzeraineté : or, c'est de l'allodialité, ou, ce qui est la même chofe, de l'indépendance abfolüe d'un domaine allodial que dérive la faculté indéfinie d'en difpofer à fon gré.

C'eft par cette même raifon que tout héritage féodal ou cenfuel qui entre dans la main du roi par déshérence , confifcation , commife ou acquifition , ne continue d'être tel que durant l'an & jour accordé au feigneur de fief , pour demander au roi l'indemnité de la mouvance : ce paiement éteint cette mouvance , & l'héritage acquis devient parfaitement allodial dans la main du roi.

La feptieme raifon eft appuyée fur le principe qu'il faut fupprimer une loi, lorfque l'expérience a prouvé qu'elle n'a point été exécutée, ni produit l'effet qu'on en attendoit , par exemple , à l'égard de la loi de l'inaliénabilité , l'augmentation & l'amélioration du domaine royal qu'on en efpéroit.

Or , bien loin que l'ordonnance de 1566 ait été exécutée, nos rois n'ont point ceffé d'y déroger , tant par des ordonnances , édits & lettres-patentes pour l'aliénabilité, que pour des aliénations à perpétuité à titre d'inféodation & d'acenfement. Voyez les

ordonnances , édits & déclarations du mois
de février 1566 , 1574 , 1591 , 1613 ,
1641 , 1643 , 1651 , 1672 , 1695 , 1696 ,
1702 , 1703 , 1704.

Il eſt dailleurs certain que l'ordonnance de
1566 , non-ſeulement n'a point augmenté
ni amélioré le domaine royal , mais qu'elle
en a, au contraire, occaſionné la diminution
& le dépériſſement , comme il réſulte de
l'état actuel de ce domaine.

Il faut donc que la même autorité qui a
concouru à la rédaction de la loi de l'inaliénabilité de 1566 , concourt auſſi à la faire
révoquer ſuivant la maxime, *res eodem modo
diſſolvuntur quo contractantur*. Cette loi n'é-
tant pas fondamentale , il ſuffit qu'elle ſoit
révoquée par une ordonnance du roi , en-
regiſtrée dans les cours ſouveraines , & ſeu-
lement en ce qui concerne la prohibition
d'aliéner le domaine royal à titre d'infeo-
dation & d'acenſement.

La huitieme raiſon , c'eſt que les rédac-
teurs de l'ordonnance de 1566 ont été in-
duits en erreur , ils ont ſuppoſé , d'après
l'opinion de pluſieurs célebres juriſconſultes
& entr'autres de Dumoulin & de Loiſeau,

que, soit par une conceffion des empereurs romains, soit par une conquête faite au profit de la nation, tous les biens-fonds des Gaules donnés ou conquis, avoient été transférés & même fubftitués à la couronne de France ; en forte que dans ce fyftême, non-feulement le domaine royal auroit pu être qualifié domaine de la couronne, mais de plus, le domaine des fujets acquerroit cette qualité en fe réuniffant au domaine de la couronne dont il auroit été originairement démembré.

Si ces favans jurifconfultes avoient plus mûrement réfléchi fur ce fyftême, dans lequel tous les biens des Gaules auroient originairement appartenus à la couronne, ils auroient reconnu que cette opinion ne tendoit à rien moins qu'à l'introduction du defpotifme en France ; car des biens qui feroient originairement dérivés du domaine de la couronne, n'auroient point ceffé d'avoir une aptitude à s'y réunir de plein droit, & c'eft précifément dans cette réunion de tous les biens-fonds en la main du roi, que confifte la monarchie feigneuriale ou defpotique.

D'ailleurs, la hiérarchie des reſſorts &
des mouvances, qui eſt bien certainement
de la conſtitution primitive de notre gouvernement, ne peut ſe concilier avec une
réunion effective des ſeigneuries de différens
degrés & de lieux fort éloignés les uns
des autres à la couronne de France. Cette
réunion qui ne forme plus qu'un ſeul tout de
ce qui n'a été dans ſon origine qu'un ſeul
corps de ſeigneurie, opéreroit néceſſaire-
ment l'extinction totale des degrés de reſſorts & de mouvances.

Par exemple, le tiers-état ne s'eſt aviſé
de demander, ſous le regne du roi Jean,
la réunion à la couronne, du duché de
Bourgogne, & des comtés de Toulouſe &
de Champagne, que parce qu'il croyoit
qu'ils avoient été originairemens démem-
brés de la couronne : on n'avoit pas fait
pour lors la découverte des diplômes & des
chartres, qui prouvent que ces ſeigneuries
de premiere dignité, avoient été anciennement poſſédées en alleu, & qu'elles conſiſ-
toient en des degrés de reſſorts & de mouvances, qu'une réunion effective auroit
anéantis.

C 3

Auffi , malgré les lettres - patentes de
réunion à la couronne , de ces feigneuries,
& malgré les ordonnances fur l'inaliénabilité du domaine , & fur le prétendu droit
de réunion du domaine à la couronne , ces
réunions n'ont été & n'ont pu être que fic-
tives.

C'eft pourquoi les fujets & les vaffaux du
duché de Bourgogne & des comtés de
Touloufe & de Champagne, ont continué
de reffortir à des chefs-lieux , & d'en rele-
ver , & non de la couronne; ils ne font
devenus vaffaux du roi qu'à caufe qu'il
étoit devenu duc de Bourgogne & comte de
Touloufe & de champagne ; prérogative
que l'acquifition de ces feigneuries leur
avoit procurée avant la prétendue réunion à
la couronne ; réunion tellement fictive ,
que par apanage ou par échange , fans
nouvelle inféodation , fans nouvelle érec-
tion en dignité, ces feigneuries peuvent
être rétablies dans l'état où elles étoient
avant l'acquifition que nos rois en ont faite
& avant la réunion ; par une réunion effective les vaffaux de ces feigneuries feroient
devenus vaffaux de la couronne , au lieu

que l'acquifition & la réunion ne les avoient
rendus qu'accidentellement vaffaux du roi ;
en forte que l'apanage où l'échange les re-
met de plein droit dans le vaffelage du feigneur apanagé ou échangifte , & dans l'ar-
riere vaffelage du roi & de fa couronne.
C'eft ce qui a été jugé en faveur du duc
de Bélifle , feigneur échangifte de Gifors.

Il y a encore erreur dans l'ordonnance
de 1566 , en ce qu'elle accorde un délai
de dix ans pour opérer la réunion au domaine de ce que le roi acquiere à quelque
titre que ce foit ; pendant qu'il eft au contraire de principe que l'union du domaine
nouveau à l'ancien domaine doit s'opérer
fur le champ , ou au plus tard dans le délai d'un an , par l'extinction de la féodalité ou cenfualité de tout ce qui entre dans
la main du roi, & de ce qui étoit auparavant héritage ou cenfuel. La fouveraineté
du roi ne fouffre pas qu'il devienne , par
une poffeffion d'an & jour , vaffal ou cenfi-
taire de fon fujet.

Les coutumes n'ont admis les déclarations de non-réunion , que parce qu'elles
avoient prohibé les démembremens de fief

en faveur des seigneurs fuzerains ; mais cette prohibition ne peut concerner le monarque qui n'a point de fuzerain.

La neuvieme raison est appuyée sur ce principe du droit naturel & civil, qu'en particulier un monarque ou un état n'ont de bien, que celui qui leur reste après l'acquit de leurs dettes ; tant qu'elles ne sont pas payées les créanciers ont une action ouverte contre la personne du débiteur, & une hypothéque sur les biens qui repréfente leur droit de propriété. Nos loix antiques & les capitulaires ont porté plus loin que les gouvernemens antérieurs, le privilége du créancier sur la personne & sur le bien du débiteur, en l'obligeant à perdre sa liberté, & à se rendre serf pour acquitter ses dettes. Les loix autorisent la vente des biens-fonds d'un mineur, pour acquitter ses dettes : cette contrainte lui devient même avantageuse, lorsque par la vente d'un fonds qui ne produisoit que trois ou quatre pour cent, il acquitte des dettes à dix ou douze pour cent d'intérêt.

Lorsque l'état se trouve chargé de dettes de cette espece, qui pourroit douter qu'il

ne dût les acquitter par la vente de domaines, dont le produit n'a pas de proportion avec les intérêts des créances ? Si les domaines appartiennent au roi, & s'il con-
sent d'en faire le sacifice pour acquitter les
dettes de l'état, qui pourroit critiquer une
vente faite pour en libérer le roi & l'état ?
Comment pourroit-on inquiéter des acquéreurs dont les deniers auroient été employés
à payer des dettes onéreuses à l'état ?

L'auteur du manuscrit emploie, pour
dixieme & derniere raison, une loi supé-
rieure à toutes les autres loix, qui est celle
du bien public. *Salus populi suprema esto.*
S'il existoit une loi fondamentale sur l'inaliénabilité du domaine royal, & si cette,
loi, par la révolution des tems & des loix,
étoit devenue nuisible au bien public, il
faudroit la révoquer ; mais ici la révocation n'auroit pour objet qu'une loi nouvelle,
contraire à la loi fondamentale sur le domaine royal, contraire en même tems aux
principes de notre droit public, civil &
coutumier, & fondée sur des motifs qui ne
subsistent plus : cette révocation produira
infailliblement le bien public, puisque d'un

côté, en autorifant la vente à perpétuité
du domaine royal, elle acquittera la majeure partie des dettes de l'état les plus
onéreufes, & que d'un autre côté les produits annuels des droits réfervées fur les
parties aliénées, feront pour le moins auffi
confidérables que le revenu annuel du domaine actuel, déduction faite des charges,
comme il réfultera du tableau des opérations qui fe feront après la révocation, de
l'ordonnance de 1566; feulement en ce
qu'elle porte prohibition d'aliéner le domaine royal à titre d'inféodation & d'a-
cenfement.

DE L'ALIÉNATION

DES

DOMAINES.

Depuis long-tems on s'occupe de la recherche des moyens de tirer des domaines fonciers du roi un parti utile pour l'état : il est peu d'objet fur lequel on foit revenu auffi fouvent, & on peut en même tems dire auffi inutilement, tous les projets qu'on a formés à ce fujet, annoncent que l'on a toujours fenti la néceffité de remettre l'ordre dans cette partie des revenus du roi, & de lui donner fa véritable valeur. Le peu de fuccès qu'ont eu ces projets, fait connoître combien il a toujours été difficile d'y parvenir. Cette dernière réflexion ne doit pas cependant décourager ceux qui s'occupent du bien de l'état ; au contraire, s'il y a jamais eu des circonftances heureufes pour fe faire une reffource d'un fonds auffi précieux qui, depuis long-tems , n'exifte en quelque façon que pour être onéreux à l'état, ce font celles où la France fe trouve. Les loix qui ont été publiées dans les derniers tems , pour accorder & favorifer la liberté du commerce des grains, pour encourager l'agriculture , protéger les cultivateurs & ceux qui font commerce des productions nationales , ont fait naître un nouvel ordre de chofes en France : tout fort de l'affoupiffement léthargique dans lequel tout étoit profondément enféveli par les loix prohibitives. L'induftrie rurale s'éveille de toutes parts; des provinces entieres qui languiffoient au milieu de la furabondance, qui étoient obligées de mettre, en quelque façon , des bornes à la fécondité de leur fol , ont trouvé des débouchés dès qu'il leur a été permis d'en rechercher. Celles qui n'ont point chez elles tous les approvifionnemens dont elles ont befoin, en ont tiré des premieres par la voie du commerce ; tous les efprits fe font tournés vers l'agriculture ; tous les écrits traitent de cet objet important ; en un mot les dernieres loix fur les commerce des grains feront une époque imporrante dans la monarchie; elles vont ouvrir des tréfors immenfes aux fujets &, par contre coup, à l'état, & mettre la France à portée de fentir plus que jamais combien elle eft forte de fes propres forces. Enfin un nouveau régne que la France entiere regarde comme celui de la juftice & de la bienfaifance, infpire la confiance, donne les plus juftes efpérances, & facilitera toutes les opérations qui auront pour objet le bien public.

Quels tems furent jamais plus favorables pour que le roi profite lui-même de la fageffe & de la bonté de fes loix, & pour que fon confeil, animé du même efprit qu'il a infpiré à fes fujets, s'occupe une bonne fois avec efficacité de l'amélioration des domàines fonciers de fa majefté, de même que les particuliers s'occupent de l'amélioration des leurs.

Les domaines du roi peuvent, en général, être divifés en trois claffes principales.

La premiere comprend les bois & forêts.

La deuxieme, les fonds de terre.

Et la troifieme, les cens, rentes & les

revenus casuels, tels que les lods & ventes
résultans des mouvances.

Toutes ces parties sont également en
mauvais état ; les bois sont dans un état de
dégradation généralement reconnue, les
fonds sont les moins productifs du royaume,
les mouvances s'usurpent de toute part, &
chaque partie est soumise à une administration prodigieusement coûteuse, qui en
absorbe les produits.

Les bois, lors de la réformation faite il
y a un siecle, montoient à 1786241 arp.
48 perches. Les apanages, les échanges,
les inféodations, les acensemens les ont
réduits à environ onze cents mille arpens,
dont deux cents mille ruinés, qui ne produisent pas, l'un portant l'autre, quarante
sous par arpent ; les autres domaines fonciers ne produisent gueres davantage : enfin
les mouvances ne donnent en casuels seigneuriaux qu'environ deux millions chargés
d'attributions considérables ; plusieurs tri-
naux & officiers sont gagés ou appointés
sur ce qui reste net de ces produits, de
sorte qu'à peine revient-il quelque chose

au roi, du revenu de son domaine (1).

Ce domaine néanmoins tient une place considérable dans l'opinion publique, parce que l'administration en est immense, & que personne ne s'avise de croire qu'une si grande administration & tant de fonds ne donnent en derniere analyse, aucun produit effectif.

---

(1) Cet écrit a été fait en 1776; on le donne tel qu'il a été rédigé; nous y ajouterons seulement l'état actuel des produits & des frais.

Les bois produisent environ . . . . 8,000,000 l.
Les frais & charges montent à 5,000,000   } 3,000,000 l.
Reste net 3,000,000

Les domaines réels & les casuels seigneuriaux produisent environ . 3,500,000 l.
Les charges en fiefs, aumones, réparations, régisseurs, bureaux, intendans, &c. &c. . . . 3,000,000   } 500,000 l.
Reste net . . . 500,000

TOTAL net des revenus des domaines en bois . . . . 3,500,000 l.

L'impôt que paieroient ces fonds dans la main des particuliers excéderoit cette somme du double.

Mais le conseil mieux inſtruit, connoît toute l'inutilité du domaine ; il a depuis long-tems cherché le meilleur moyen de le rendre utile, tant au roi qu'aux ſujets, en le conſacrant à l'agriculture ; on en a ſenti l'impoſſibilité, en le laiſſant dans la main du roi, & en l'aliénant d'une maniere précaire, ainſi qu'il a été pratiqué juſqu'à préſent.

Bien perſuadé qu'il n'y a que l'eſprit de propriété qui puiſſe opérer une culture heureuſe, on cherchoit les moyens de le faire naître dans ceux à qui on auroit tranſmis la poſſeſſion, il falloit pour cela écarter l'obſtacle de l'inaliénabilité; on ſentoit que ce principe ou préjugé, qui a été malheureuſement appliqué par quelques loix aſſez modernes, aux immeubles appartenans au roi, avoit enchaîné l'adminiſtration qui n'a pu, juſqu'à préſent, faire que des opérations qu'on peut appeller malheureuſes, puiſque, faute du principe de propriété dans les engagiſtes ou acquéreurs, il en réſultoit une indifférence qui n'a permis aucun ſuccès.

On cherchoit donc à ſortir de cet état fâcheux, ſoit en faiſant naître la confiance

dans

dans les acquéreurs , ſoit en diminuant les frais de l'adminiſtration. Pour y parvenir , on a propoſé trois moyens ; le premier , de faire des baux emphitéotiques de 99 ans ; le ſecond , de faire des baux à rente à per- pétuité ; le troiſieme , de former des inféodations de ſtous les fonds du domaine, & d'établir ainſi des propriétés incommutables.

Ces trois projets ſe reſſemblent en ce qu'ls laiſſent ſubſiſter une régie ou adminiſtration quelconque des domaines, pour recueillir & compter le prix des baux emphitéotiques , des rentes foncieres & des rentes féodales , & des tribunaux, pour recevoir des fois & hommages , & pour juger les conteſtations ſur les fonds ; en ce que dans chacune de ces aliénations on demandoit des deniers d'entrée ; enfin en ce que le genre de poſſeſſion , connue ſous le nom de fief , non-ſeulément ſubſiſtoit, mais encore s'augmentoit par les inféodations.

Avant d'entrer plus particuliérement dans la diſcuſſion de ces projets , il convient d'examiner quelle eſt la nature de la propriété du roi ſur ſes domaines , & celle du principe de leur inaliénabilité ; on s'eſt borné dans ces différens projets à éluder ce principe , plutôt qu'à le combattre ; on deſiroit cependant fortement de le détruire , mais on a cru qu'il étoit impoſſible , & que ce principe étoit trop reſpecté pour qu'on pût l'abattre , ou l'on n'a pas connu les moyens que l'on pouvoit y employer , ou l'on n'y a pas eu aſſez de confiance , non plus qu'aux principes de politique , de droit & d'adminiſtration , que les bonnes études & les progrès de la raiſon ont répandus , ſoit dans le public , ſoit dans les cours ſouveraines.

Avant donc de rien propoſer , il faut également analyſer le fondement de ce reſpect , pour l'opinion & la défiance des moyens de la détruire , & des diſpoſitions du public à en recevoir une nouvelle.

Ce point de vue oblige également de faire l'expoſition de la matière & des vrais principes qui doivent la gouverner ; car ſans des baſes certaines on ne peut ni bien juger ce que les auteurs des projets ont inutilement propoſé , ni ce qu'on peut y ſubſtituer.

Il eſt extrêmement important d'établir des principes qui levent les difficultés qui réſultent de celui de l'inaliénabilité ; car tant que la crainte de la révocation ſubſiſtera, les aliénations du domaine ſeront toujours faites au plus mauvais prix poſſible.

Le mot *domaine* eſt un terme générique qui ſignifie propriété.

Ainſi le domaine de la couronne eſt tout ce qui appartient au roi, à cauſe de la couronne.

Les propriétés de la couronne ne ſont proprement que d'une eſpece ; ce ſont les droits qui conſtituent la ſouveraineté & en font l'apanage. On ſent facilement qu'il s'agit du droit de faire des loix, de faire la paix ou la guerre, du droit de juſtice, &c. Ces droits ſont ſacrés & inſéparables de la couronne ; ils conſtituent la nature & la ſubſtance même de la puiſſance publique ; ils ſont le réſultat des forces & des volontés particulieres réunies dans un dépôt commun, pour ſe répandre avec regle & juſtice par l'autorité du prince, qui en eſt le dépoſitaire.

Certainement le vrai domaine de la couronne est inaliénable, mais le vrai domaine
de la couronne est celui qui, chez tous les
peuples, est le patrimoine & l'apanage de
la souveraineté ; c'est dans ce sens seulement
qu'il est vrai de dire, comme le soutenoit le
jurisconsulte Dumoulin, que la loi de l'inaliénabilité du domaine est une loi fondamentale de l'état, née avec l'état, & par
une suite nécessaire du droit des gens.

Mais il distinguoit, ainsi que Chopin,
un domaine premier, inné à la couronne,
qui étoit le principe de l'autorité : voilà ce
qu'ils ont appellé avec justice, sacré & insé-
parable de la couronne.

Il est nécessaire d'entrer dans quelques détails sur ces droits inaliénables.

Ce sont ceux que le souverain seul peut
posséder, & qui sont nécessaires pour le
maintien & la prospérité de l'état. On va
voir qu'en France on a aliéné en tout ou en
partie ce qui devoit nécessairement rester
uni à la couronne, & qu'on n'a appliqué
mal à propos le principe de l'inaliénabilité

qu'aux chofes que l'état ne peut jamais
poſſéder d'une maniere utile.

Les droits inaliénables & indiviſibles de
la ſouveraineté ſont :

Le pouvoir legiſlatif qui comprend le
droit de donner les diſpenſes & les priviléges.

Le pouvoir d'infliger des peines.

Le pouvoir judiciaire qui exige lumieres
pour décider, & force pour faire exécuter.

Le droit de faire la guerre & la paix,
& de contracter des engagemens avec les autres états.

Le droit d'établir des magiſtrats ſubalter-
nes ; ce pouvoir emporte encore le droit de
faire rendre compte de l'adminiſtration.

Le droit de mettre des impôts & des ſub-
ſides ; car il faut que le ſouverain ſe ré-
ſerve une partie des revenus du pays, ou
qu'il oblige les citoyens à contribuer aux
dépenſes publiques.

Le droit de fiſc, de monnoie, celui
de poids & meſure.

Le droit d'examiner les doctrines qui
s'enſeignent dans l'état, afin qu'elles ſoient
conformes au but de la ſociété, & que les

citoyens y foient dreffés & inftruits dès leur enfance.

Ces parties de la fouveraineté font liées d'une maniere indiffoluble ; parce qu'en les féparant l'une de l'autre, elles pourroient fe contrarier comme les volontés qui en détermineroient l'action, & dès-lors la fociété fe détruiroit, ou du moins perdroit fon harmonie.

Or on a vu prefque tous ces droits ufurpés & envahis.

Ainfi le pouvoir légiflatif étoit exercé par des vaffaux puiffans comme une fuite de la propriété ; ils en abufoient en infligeant des peines de toute efpece.

Le pouvoir judiciaire fut tellement ufurpé que l'introduction de la voie de l'appel, fut un effort confidérable de la puiffance légitime, obligée d'arracher des mains de la tyrannie les lambeaux de fes attributs. Or, le droit de juftice eft effentiel au maintien du bon ordre & de la police intérieure, par conféquent il ne peut appartenir qu'au fouverain.

Le droit de faire la guerre & la paix, a été long-tems partagé en France entre le ſouverain & ſes ſujets. C'eſt contre cette uſurpation déſaſtreuſe qu'il convenoit de faire valoir les vrais principes de l'inaliénabilité & de l'inſéparabilité des droits de la couronne.

Il eſt vrai que pluſieurs ſiecles de poſſeſſion n'ont point été regardés comme un moyen de preſcrire , & que lorſque l'autorité légitime a repris ſon cours , elle a rappellé & réuni à ſon domaine ſacré le glaive défenſeur & vengeur des droits de la nation.

Le droit de guerre uſurpé avoit autoriſé les uſurpateurs à ſe faire rendre des fois & hommages , à faire ſoumettre leurs inférieurs au ſerment d'homme lige qui , détachant , en quelque ſorte , le vaſſal de ſes devoirs de citoyen & de ſujet , mettoit entre ce vaſſal & le ſouverain un ſeigneur , dont la volonté tenoit lieu de toutes les loix.

Le droit de lever des impôts , eſt un des attributs le plus eſſentiel de la ſouveraineté ; il n'a que trop long-tems été partagé en France , & il l'eſt encore à bien des égards. Il eſt eſſentiel de faire rentrer au domaine de la couronne les aliénations qui ont été faites des droits de cette espece, qui frappent indistinctement sur tous les sujets du royaume, & de permettre le rachat des autres aux particuliers, corps & communautés qui en sont grévés ; tels sont, pour la premiere classe, les droits de passage, péage, minage, &c. & pour la seconde, les droits de taille seigneuriale, les servitudes personnelles, les corvées, guêt & garde, &c.

Les droits d'aubaines, confiscations, bâtardises, déshérences & autres de cette nature, sont essentiellement du domaine public, par une conséquence nécessaire du principe qui veut que ce qui n'appartient à personne, appartienne à tous ; d'où il résulte que ces droits qu'on a communiqués aux seigneurs dans la plupart des provinces de France, devoient être essentiellement réservés au souverain, & devroient lui rentrer au moins pour ceux dont le bien public n'exigera pas l'abolition.

Après avoir établi les droits inséparables de la couronne, passons aux propriétés foncieres.

Les propriétés foncieres font de plufieurs efpeces, les unes ne peuvent appartenir qu'au public, parce qu'elles ne peuvent être poffédées par les particuliers, telles font les chemins, les places publiques, les édifices publics, les rivieres navigables ou fufceptibles de le devenir, les chemins de tirage qui les bordent, & même toutes les eaux courantes, lorfqu'elles font une fois forties de l'héritage où [elles prennent leur fource, font encore du nombre des chofes qui ne peuvent entrer dans le domaine privé, & dès-lors font partie du domaine public.

Il eft certain que cette efpece de propriété publique eft effentiellement unie au domaine de la couronne, ou plutôt au domaine public. On doit prohiber très-févérement toutes les ufurpations qui en pourroient être faites.

Les autres propriétés foncieres du roi font de la même nature que celles des particuliers, deftinées à la culture & à la production des fruits de différentes efpeces; ces propriétés, qui appartiénnent au roi, ont été attachées à la couronne pour fub-

venir aux dépenses de la maison royale , &
aux dépenses publiques. Mais bientôt les
inféodations devenues héréditaires , les
fondations , les dons démesurés , ont ré-
duit ces fonds à peu de chose , & une administration immense en a absorbé les produits ; il a fallu recourir aux impôts qui ne
devoient réguliérement point avoir lieu
concurremment avec un domaine qui devoit en tenir lieu. Si les impôts ont sup-
pléé le domaine, le domaine doit rentrer
dans le commerce, & être livré à la culture
économique de la propriété , & supporter
sa portion des charges publiques.

Une autre partie des revenus fonciers du
roi sont les droits casuels résultans des
mouvances attachées à ses fiefs & seigneuries.

Cette nature de bien est vraisemblable-
ment la pire de toutes , par la difficulté de
la régir , par les frais & les procès qu'elle
occasionne , tant au seigneur qu'au vassal ,
par les terriers nécessaires pour les conserver , & la dépense qu'ils occasionnent
par les débats de mouvances qui s'élevent
à chaque instant entre les seigneurs voisins;

enfin cette nature de propriété réunit tous les inconvéniens qui peuvent exister dans le mélange, la communauté & la confusion des droits de différentes personnes sur la même chose.

Cette servitude réelle, qui auroit dû être éteinte avec la servitude des personnes, ne présente au roi que des produits extrêmement foibles, & assujettit les vassaux à des fois & hommages, aveux & dénombremens, reconnoissances aux terriers, aux cens, aux corvées, aux lods, à la bannalité, à l'assistance, aux plaids, aux amendes, à la saisie féodale, &c.

Rien de moins intéressant que des propriétés si fâcheuses pour les peuples, qui portent le désordre dans la société, en troublent le repos & enlevent continuellement le laboureur aux travaux précieux de l'agriculture.

Les bois & forêts font la troisieme espece des propriétés foncieres.

On les a toujours regardés comme une propriété précieuse, & qui convenoit mieux que toute autre au souverain; parce que la nature fait seule tous les frais de la production, & que la jouiffance peut s'exercer en deux actes, *conferver & vendre*.

L'importance même qu'on a mife à cette efpece de biens, a vraifemblablement contribué à la rendre prefque inutile au roi ; on l'a foumife à une adminiftration confidérable qui n'a pas été combinée de la meilleure maniere, puifque non-feufement elle n'a point confervé, mais encore elle a entraîné la dévaftation des forêts. Le vice de l'adminiftration eft encore aggravé par des erreurs dans les principes de phyfique que l'on avoit adoptés pour faire la bafe de l'adminiftration.

C'eft principalement fur cette partie que l'on s'eft plus rigoureufement attaché au principe d'inaliénabilité, parce que l'on a craint qu'en mettant les forêts dans la main des particuliers, la nation ne fût expofée à manquer de bois de chauffage & de conftruction ; on fuppofoit qu'ils les dégraderoient & détruiroient entiérement ; avec ce raifonnement, le roi devroit être feul propriétaire des bois ; l'exemple du bon état des forêts des particuliers détruit cependant cet argument : on pouvoit auffi

diffiper cette crainte par quelques obferva-
tions très-fimples.

Les effartemens ont fini lorfqu'il y a eu
affez de terrein découvert pour l'agriculture, & lorfque les bois ont acquis, par
la diminution de la furabondance, une
valeur qui a mis une proportion & une ba-
lance entre l'héritage planté & l'héritage
cultivé ; car il s'établit un équilibre entre
l'emploi des fonds & le befoin de leur production. Il s'eft établi de lui-même, entre la
culture de la vigne & la culture du bled &
des légumes ; de même on bâtit des maifons en proportion des habitans & des étrangers qui recherchent des logemens. On ne
voit donc jamais de difproportion entre les
befoins & l'emploi des fonds, lorfqu'ils
ont l'aptitude de produire, de même qu'aucune culture & aucun art n'excede en production & en fabrication les befoins de la
confommation ; de même il n'exifte aucun
befoin dans une nation riche & peuplée,
que le commerce, les arts ou la culture ne
s'empreffent d'y pourvoir. Les plus grandes
entreprifes, même celles qui excedent les
facultés d'un feul, s'exécutent par la réu-

nion des citoyens aifés & induftrieux. On peut donner pour exemple les canaux, les manufactures & ufines, les armemens, &c. qui font autant d'ouvrages de l'induftrie qui veut pourvoir aux befoins.

On eft donc très-perfuadé que fi le particulier eft propriétaire de forêts, & maître de les adminiftrer, on ne doit non plus craindre de manquer de bois, que l'on ne craint de manquer de légumes ; il fuffit de ne point mettre d'obftacles, ni à la vente, ni à la production, dès-lors chacun s'empreffera d'élever de beaux bois.

Le befoin feul eft une loi plus impérieufe, qui prefcrit & éclaire mieux ce qui eft à faire que toutes les ordonnances ; il fuffit, pour s'en convaincre, de voir les parcs, les avenues, les bofquets, les vergers qui font l'ouvrage de la nature & de l'induftrie, qui n'ont befoin d'aucune police pour produire & garder des beaux bois de toute efpece.

On peut donc fe repofer fur l'intérêt du propriétaire, pour affecter fon fonds à l'efpece de production qui lui fera la plus utile, & à la confervation de celles qui fe-

ront plus utiles, confervées quelques tems,
que confommées actuellement. Or, le propriétaire aura cet intérêt, lorfque les bois
auront de la valeur, & qu'il fera fûr du bon
prix.

La crainte de voir dévafter toutes les forêts par les particuliers qui les auroient ac-
quifes, eft pour le moins auffi vaine. Ceux
qui font le plus oppofés à l'aliénation des
bois, conviennent que les moindres coupes
extraordinaires font tomber les prix, parcé
qu'il y a plus de denrées que de confommation. Si donc l'on mettoit en vente ex-
traordinaire la furface de dix forêts, le prix
des bois feroit déja confidérablement baiffé ;
fi l'on vouloit encore mettre en vente la
furface des dix autres, il ne fe préfenteroit
plus de marchands, ou les offres feroient
infiniment au-deffous des prix courans, & dès-
lors celui qui auroit acquis la forêt du roi,
feroit obligé d'exploiter graduellement dans
la proportion des befoins du pays; par conféquent, il ne détruiroit plus, ainfi qu'on
l'a craint, parce que la deftruction feroit
inutile & en pure perte.

Ces réflexions écartent donc fans répli-

que toutes les objections que l'on fait contre l'inaliénabilité des forêts, résultant de
la nécessité que le roi a d'être propriétaire,
pour conserver des bois de construction,
tant de terre que de mer, & de prévenir
la destruction de l'espece, puisque ces bois
font ceux du royaume qui font le moins en
état de satisfaire à ces besoins.

Nous avons parcouru toutes les especes
de propriétés foncieres du roi, il ne reste
que les palais qui servent à loger le roi &
la famille royale, les jardins, les parcs qui
y font attachés ; ces objets font peut-être
les seuls qui pourroient paroître susceptibles de l'application du principe d'inaliénabilité : cependant elle deviendroit ridicule
si elle étoit trop rigoureuse. Il est, par
exemple, absurde de vouloir forcer le roi
à garder des châteaux tombés en ruine,
& les parcs déserts qui les entourent. Il
suit de là que le veritable administrateur de
cette espece de domaine foncier est le direc-
teur-général des bâtimens ; il faudroit
même lui laisser la liberté la plus entiere
de changer & de vendre les parties de bâtimens devenus inutiles.

Ainsi

(65)

Ainſi les fonds ou propriétés qui ont été attachés à la couronne par pluſieurs faits ou circonſtances, n'ont, comme l'expoſé que l'on
vient de faire le fait ſuffiſamment ſentir,
aucun rapport avec la ſouveraineté, ſon
exercice ni ſes droits : leur union à la couronne eſt donc un fait, & ne dérive ni de
l'eſſence de la couronne, ni de celle de ſes
fonds qui, ſéparés l'un de l'autre, reſtent
ce qu'ils ſont ; même plénitude dans la ſouveraineté, même nature & qualité dans les
fonds ; l'union de l'un à l'autre ne les lie
point par leur eſſence, puiſque ces objets
peuvent ſe communiquer leurs qualités. Les
droits de ſouveraineté ne peuvent convenir
qu'au roi, ils ſont indeſtructibles, inſéparables de la couronne, parce que ſans eux,
elle ne ſubſiſteroit pas, nulle preſciption
ne peut les lui enlever, ni les mettre en
commerce ; les fonds, au contraire, autres
que ceux d'un uſage public, peuvent ſubir
toutes les ſervitudes, les uſurpations, les
mutations, la deſtruction, ſans que l'autorité ſoit moins pleine & moins efficace.

L'union de fonds à la couronne eſt donc
une affaire étrangere à la conſtitution de la

E

monarchie; ce n'eſt donc point une loi fondamentale que celle qui défendroit de les
aliéner; ſi elle n'eſt pas fondamentale , elle
n'eſt que d'adminiſtration , & dès-lors elle
doit être ſujette à l'examen , à la correction , à l'amélioration ou à la révocation ,
ainſi que toutes les autres loix.

Mais d'où vient donc ce principe ſi ri-
goureux de l'inaliénabilité ? Il n'eſt point
difficile d'en démêler l'origine.

On a long-tems regardé les domaines
de la couronne comme le véritable patrimoine des rois, & cette maxime ſe répete
encore quelquefois ; mais a-t-on diſtingué
bien nettement les principes dont elle dérive ? Il eſt clair que les circonſtances po-
litiques, au commencement de la troiſieme
race , forcerent les princes à mettre tout
en uſage pour conſerver leur domaine , devenu preſque l'unique branche de finance
ſur laquelle ils puſſent compter ſolidement
dans un tems qu'on peut appeller d'anar-
chie; Par les mêmes motifs il fut utile que
les rois acquiſſent la plus grande quantité
de domaines qu'il leur ſeroit poſſible , ſoit
afin d'augmenter les forces réelles de la

couronne, soit afin d'augmenter le nombre
des vassaux immédiats, & de miner sour-
dement la puissance de cette foule de petits
tyrans qui s'étoient établis dans toutes les
provinces.

« Ce double avantage frappa vivement
les esprits ; les intérêts particuliers s'y
joignirent même ; car on s'imagina que
l'on paieroit moins à mesure que le monarque posséderoit davantage de son chef.
Enfin, les légistes seconderent de leur
mieux les vues du gouvernement ; &, de la
loi salique, on fit dériver cette maxime que
le domaine de la couronne est inaliénable.
Cette opinion servit, tout-à-la-fois, à empêcher le démembrement de la monarchie,
& à lui faire restituer depuis, ce que la
nécessité avoit pu lui arracher. Avec le
tems, l'idée du domaine s'étendit, c'est-à-
dire, qu'il y eut des droits reconnus domaniaux par leur essence ; ainsi le domaine
consiste aujourd'hui en fonds & droits fonciers, & en impôts.

« Il est constant que les impôts doivent
être dans la main du roi ; qu'il est dange-
reux & indécent qu'il en soit levé sur les

peuples dont il ne foit pas le propriétaire & l'économe ; mais en examinant la partie des domaines en fonds , il eſt démontré qu'il n'eſt pas avantageux à l'état que le roi les poſſéde ».

Dans le principe des inféodations , elles n'étoient qu'à tems ou à vie , enfuite les fiefs devinrent héréditaires & patrimoniaux ; le domaine ſe trouva diminué de tout ce qui avoit été inféodé juſqu'alors.

La plus grande partie des aliénations du domaine ont été faites depuis qu'il a été déclaré inaliénable ; il eſt vrai que c'eſt à titre d'engagement avec la faculté de rachat ; mais acheter ou racheter reviendroit au même s'il n'y avoit léfion.

Les rois continuèrent à faire des dons confidérables fur ce qui leur reſtoit. Comme on s'apperçut bientôt que toutes ces libé-ralités n'étoient que l'effet de la fauſſe gé-nérofité des princes ou de leur foibleſſe, ainſi que le fruit de l'importunité , on fentit la néceſſité de révoquer tous ces dons & aliénations. On fit en effet cette opéra-tion plufieurs fois , non point parce que la chofe étoit inaliénable , mais parce qu'elle

avoit été aliénée sans cause & en pure
perte. D'ailleurs, les états-généraux récla-
moient contre l'abus qu'on faisoit du domaine que les favoris s'approprioient ; ce
qui mettoit les rois dans la nécessité de
recourir continuellement à des impôts. Ils
demandoient donc que le domaine fût con-
servé & administré, de maniere que les revenus tournassent à la décharge du public.
C'est à-peu-près dans ces époques que s'in-
troduisit le mot *inaliénable* ; mais il n'en est
pas moins certain que l'on n'ayoit pas d'i-
dées bien précises sur le domaine & son
inaliénabilité. En effet, on voyoit que les
grands vassaux avoient usurpé les droits
régaliens & les conservoient ; que les favoris s'étoient approprié ou fait donner
différens domaines ; que, suivant les circonstances, on révoquoit ces aliénations ou
usurpations, tandis que d'un autre côté,
ou peu de tems après, on aliénoit & on
usurpoit. Le public ne connoissoit effectivement rien aux principes du domaine, ni
même aux droits régaliens que l'on se dis-
putoit & s'arrachoit de toutes parts, avec

E 3

des succès proportionnés à la force & au crédit actuel.

Cet état d'incertitude & d'ignorance est parfaitement dépeint dans le célebre édit de Charles IX du mois de février 1566, qui a pris le nom d'ordonnance du domaine. Charles IX dit expressément dans le préambule, *que les régles & maximes anciennes de l'union & conservation du domaine sont à aucun assez mal, & aux autres peu connus.*

Mais les fit-il mieux connoître, & ne donna-t-il pas dans l'excès opposé à celui qu'il vouloit corriger ?

Il falloit établir bien clairement la nature & l'espece des droits régaliens & leur inséparabilité de la couronne, il falloit pourvoir à leur conservation & à leur réunion ; il falloit, en un mot, les bien faire connoître & respecter.

Quant aux immeubles, il falloit distinguer ceux qui sont du domaine public & qui ne peuvent tomber dans la propriété privée, & pourvoir à ce que personne ne s'en emparât au préjudice du public.

Les autres immeubles destinés à pro-

duire un revenu , font d'un ordre entiérement différent ; il falloit fe borner à en régler l'adminiftration & à défendre que les
revenus puffent être employés & deftinés à
autre chofe qu'au fervice de l'état ; mais
certainement il étoit indifcret de s'interdire la faculté de les rendre utiles à l'état
par d'autres moyens que ceux que l'on
jugea bons pour le moment.

Il étoit certainement très-abufif de vouloir communiquer à ces fonds l'inaliénabilité qui eft de l'effence des droits régaliens , & des fonds qui compofent le domaine public.

Que l'on ne difpofe du domaine , c'eft-
à-dire , des fonds poffedés par le roi , que
de la maniere la plus utile à l'état , on a
rempli tout devoir & toute loi ; mais encore
un coup , c'eft une erreur de croire que la
confufion qui a été faite mal-à-propos de
ces fortes de fonds avec ceux qui font inaliénables , doit lier perpétuellement les
mains & empêcher de livrer à la production ce que l'inaliénabilité a rendu inutile. Pourquoi le roi ne pourroit-il faire ni
mieux ni autrement que ce qui fut ordonné

en 1566 , par un prince qu'il falloit en-
tourer de loix inflexibles. pour le garantir
des effets de fa propre foibleffe dans un
tems où les uns *connoiffoient mal , & les
autres point , les principes du domaine ?*

On s'apperçut bientôt que l'inaliénabilité que l'on avoit attribuée aux fonds , ne
pouvoit leur convenir. On fut obligé , dans
le même mois , d'interpréter l'édit par une
déclaration qui introduifit une diftinction
dans cette efpece de biens : elle jugea que
les uns pouvoient être inféodés & aliénés
à perpétuité moyennant des rentes , & que
d'autres n'étoient fufceptibles que d'un
fimple engagement. Les parties dont on
reconnoiffoit que l'aliénation pouvoit fe
faire , font , les landes , les marais , & autres terres vaines & vagues. Quant aux
fonds de terre & droits feigneuriaux , on
convenoit qu'ils pouvoient être engagés à
faculté de rachat. C'eft effectivement de
cette maniere dont on en a difpofé fré-
quemment ; mais dans le fait , il n'y a que
la culture de différence entre un champ &
& une lande : or , cette fimple circonftance ,
étrangere à la propriété, pouvoit-elle chan-

ger là nature de la chose & lui donner un caractere si différent ?

Les Jurisconsultes & les magistrats qui rédigerent les coutumes, peu de tems avant ou après ces édits & déclarations, n'ont fait aucune mention de l'inaliénabilité des fonds appartenans au roi ; au contraire, par-tout on les voit soumis aux mêmes régles que les possessions des particuliers. La plupart des auteurs & les parlemens ont jugé que la prescription avoit lieu contre le roi ; cela suffit pour détruire l'inaliénabilité ; car prescription est aliénation.

Les distinctions & observations que l'on vient de faire, établissent incontestablement qu'il n'y a d'inaliénables que les droits régaliens, & que l'inaliénabilité n'a été attribuée aux propriétés du roi, que comme un moyen d'arrêter l'abus que l'on faisoit de ces fonds, pour écarter les importunités des courtisans qui dépouilloient des princes foibles, pour donner aux assemblées des états la satisfaction de leur montrer que l'on employoit les moyens qu'ils estimoient nécessaires pour le soulagement des peuples.

D'où il résulte que le mot d'inaliénabilité n'est point applicable à ces fonds, & qu'il ne peut former un obstacle à la disposition que le roi en feroit pour l'utilité certaine de l'état.

Mais quand même cette difficulté subsisteroit encore, il y a d'autres moyens de la résoudre.

Le roi a le droit d'administration qui lui impose l'obligation de pourvoir au meilleur emploi des fonds de l'état & de les consacrer à l'agriculture, qui est le moyen le plus sûr de procurer aux sujets les nécessités, les commodités & les agrémens de la vie.

Dépositaire de l'empire, du pouvoir de commander tout ce qui convient au bien public, il doit, en pere tendre & sage, veiller pour la nation, la rendre heureuse & parfaite, & améliorer son état. Aucune loi n'a pu lui interdire les moyens propres à remplir ce sublime devoir.

Or, de tous les arts, le labourage ou l'agriculture est sans doute le plus utile & le plus nécessaire. L'abondance adoucit les

mœurs & multiplie les citoyens vertueux ;
elle eft le premier caractere de la force
& de la profpérité des nations.

Il faut donc favorifer l'agriculture ;
écarter les caufes qui rendent de grandes
terres incultes : il ne devroit pas même
être permis d'en pofféder de mal cultivées ;
fi l'état lui-même poffédoit de ces terres,
le fouverain doit pourvoir au moyen de les
faire cultiver , en en transférant la propriété à des fujets qui les cultiveront , ou
feront cultiver.

Ce qui conftitue la patrie , c'eft fans
doute la propriété ; le moyen de fixer celle
du peuple qui eft fans propriété , c'eft de
lui en procurer par l'abandon dés terres
vaines & vagues ou mal cultivées : cette
propriété leur indiquera leur patrie , & les
y attachera par les liens les plus forts : ce
feroit le moyen de faire ceffer toutes les
émigrations & de fixer tous les vagabonds.

Les terres poffédées par le roi , peuvent
être regardées comme des portions qui
n'ont point été partagées dans le principe
de la fociété ; fous ces point de vue , elles
font communes. Le roi a droit , ou d'en

ordonner le partage, ou de les mettre en commerce par la voie de vente & d'enchere, dont le prix seroit employé de la maniere que sa majesté jugeroit la plus utile à l'état.

Son droit de souveraineté lui donne ce que les jurisconsultes appellent le domaine éminent, qui consiste à disposer, dans l'occasion, pour la nécessité publique, de tous les biens renfermés dans l'état.

Il est évident que ce droit est nécessaire en certains cas à celui qui gouverne, & par conséquent qu'il fait partie de l'empire ou du souverain pouvoir, & qu'il doit être mis au nombre des droits de majesté.

Si le souverain dispose des biens des particuliers en vertu de son domaine éminent, l'aliénation est valide, comme ayant été faite en vertu d'un pouvoir suffisant, parce que l'on présume que quand une nation s'empare d'un pays, elle n'accorde la propriété de certaines choses aux particuliers, que sous la réserve d'en disposer dans l'occasion pour la nécessité publique.

Nous pratiquons ce droit dans beaucoup de circonstances à l'égard des particuliers, outefois en les indemnifant.

A la vérité, on ne doit point exercer ce droit fans néceffité, mais feulement pour le bien public : ce droit n'anéantic point la propriété privée, il la couvre feulement à-peu-près, comme la propriété directe couvre la propriété utile, & donne au feigneur foncier ou direct un droit de retrait ou autre, fuivant les conventions & les coutumes.

Si le droit de domaine éminent permet de difpofer des propriétés privées, à plus forte raifon ce droit doit-il s'exercer fur le domaine du prince, d'où réfulte le droit inconteftable de l'aliéner lorfque l'état doit y trouver fon avantage.

Cette abondance de motifs peut faire fup- pofer l'aliénation du domaine comme pof- fible &, fur toutes chofes, dans cette opé- ration, on doit confidérer le droit qu'on ac- corderoit aux vaffaux du domaine, de s'af- franchir de tous droits féodaux, comme ex- trêmement important. Perfonne n'ignore qu'une des grandes caufes de la profpérité de l'empire françois eft dérivée de l'affran- chiffement des perfonnes dont la fervitude étoit née principalement du droit féodal. Il paroît inconteftable que l'affranchiffement des servitudes foncieres feroit une révolution également heureufe , & que pour y parvenir , il convient de fuivre la même marche que celle qui a été fuivie pour l'affranchiffement des perfonnes : c'eft-à-dire que l'on doit commencer par les domaines du roi ; cet affranchiffement n'étant point gratuit , feroit une aliénation très-utile des mouvances des domaines du roi. Le rachat des rentes fe feroit à raifon du denier 40 , celles des corvées feigneuriales à-peu-près fur le même pied , & les cafuels feigneuriaux fur le pied réglé par les coutumes, pour les indemnités dues par les gens de main-morte, lorfqu'ils acquierent dans les mouvances des feigneurs.

Cette méthode d'affranchiffément une fois introduite dans les domaines du roi , ferviroit d'exemple aux feigneurs , pour les déterminer à affranchir auffi , & de modele pour régler le traitement qu'ils accorderoient à leurs vaffaux.

Il eft certain que les fonds devenus libres par cette opération, feroient plus affectionnés & mieux cultivés , parce que les vaffaux ne verroient plus les améliorations partagées par les feigneurs agriers ou champar-

reurs, ni par le feigneur de directe, dont
les droits de lods & ventes s'augmentent
en raifon des améliorations qu'a fait le vaffal, qui ne peut fe réfoudre à améliorer
pour vendre, parce qu'il perdroit la portion que le feigneur prend dans le prix
fous le titre de lods.

Cet affranchiffement fimplifieroit les propriétés ; il y auroit d'autant moins de pré-
textes & de caufes aux conteftations, les
tribunaux feroient moins fréquentés, &
dès-lors feroient moins de victimes & de
malheureux ; les loix féodales deviendroient
inutiles, on pourroit les effacer de notre
code, dont elles font l'opprobre.

La juftice diftributive n'auroit plus pour
objet que les conventions, les fucceffions,
les partages & les limites, elle deviendroit
plus prompte, plus fûre, plus facile &
plus intelligible à tous ceux qui peuvent
la réclamer.

La nature de bien que l'on appelle mouvance, mérite encore moins d'être confer-
vée que les propriétés foncieres, puifque
les droits féodaux ont le double inconvénient de n'être pas plus utiles au roi que
les propriétés foncieres, & de contrarier les

propriétés que l'on appelle utiles au point d'en dégoûter les propriétaires les plus courageux.

On peut regarder, comme démontré, la nécessité d'abolir ces droits, & d'admettre les vassaux à en faire le rachat: ce seroit un moyen de recouvrer les mouvances usurpées, parce que les vassaux s'empresseroient d'apporter les preuves de leurs dépendances & le prix de leur liberté ; de rendre l'activité à l'agriculture, parce que le cultivateur seroit sûr de recueillir, lui seul, tout le fruit de son travail; de fixer dans les campagnes beaucoup de particuliers que les servitudes féodales repoussoient ; de diminuer les frais d'administration, dont une si grande partie n'a pour objet que le recouvrement & la conservation des droits seigneuriaux, & la prestation des fois & hommages, aveux & dénombremens, & la formation des terriers, qui tous deviendroient inutiles par l'établissement d'un franc-alleu absolu. L'assiette des impôts deviendroit de même plus facile, parce que les propriétés seroient parfaitement simples ; enfin, en bannissant les procès, on régénéreroit les mœurs,

mœurs , & l'on rendroit à la nation ses premiers droits de franchise & de liberté.

L'affranchissement des droits féodaux n'est point une nouveauté ; il a été pratiqué à l'égard des personnes dans les douzieme, treizieme & quatorzieme siecles ; & dans le seizieme on a permis l'affranchissement des rentes foncieres dues sur les maisons de Paris & autres villes & bourgs du royaume. On a considéré dans cet affranchissement les inconvéniens des co-propriétés & de toutes les communautés de biens qui nuisent aux co-propriétaires, diminuent le travail & empêchent les améliorations; enfin, en dégageant les peuples des servitudes personnelles, foncieres & féodales, on relevoit leur courage, on ranimoit leur industrie, & on les faisoit jouir des derniers effets de la protection qui les a soustraits à l'esclavage de la féodalité.

L'aliénation des domaines, faite avec les précautions convenables, pourroit produire huit à neuf cents millions, en paiement desquels on prendroit les effets liquidés de l'état, portant intérêt ; on anéantiroit par-là plus de quarante millions de dettes annuelles ; on gagneroit en outre tous les frais de l'adminiſtration , qui comprend le bureau de la grande direction , l'intendant des finances, les juriſdictions connues ſous le nom de bureaux des finances, les receveurs & contrôleurs-généraux des domaines & bois (1), les chambres des comptes en partie, la régie , &c. Mais quel eſt le genre de vente & d'aliénation que l'on doit choiſir ?

On a toujours ſenti que l'aliénation la plus abſolue & la plus incommutable, étoit celle qu'il faudroit choiſir , tant pour ſe procurer le meilleur prix , que pour déterminer les acquéreurs à ſe livrer ſans inquiétudes & dans la plus parfaite ſécurité à toutes les améliorations dont les fonds feront ſuſceptibles , & qu'il falloit par cette vente rendre ces fonds commerçables, & leur ôter ce caractere fatal d'inaliénabilité , qui repouſſe les acquéreurs prudens, & tous ceux qui, en acquérant, ont le projet d'améliorer ; or ce ſont préciſément ceux qui peuvent mettre le plus haut prix.

Mais tant qu'on a craint l'effet du principe d'inaliénabilité , on n'a propoſé que

____

(1) Ceci a été écrit en 1776 avant la ſuppreſſion des receveurs-généraux des domaines & bois, faite en 1777.

(83)

des moyens de l'éluder ; nous allons expofer fommairement ces projets avant de
préfenter celui que l'on croit devoir adopter.

On a d'abord propofé le bail emphitéotique.

Le bail, fuivant le projet de l'édit, du-
reroit 99 ans, après quoi les domaines feroient réunis de plein droit à la couronne.

On exceptoit les bois & forêts, parce
qu'effectivement des poffeffeurs à bail emphitéotique n'ont que l'intérêt de jouïr, &
non point de conferver & de perpétuer ;
or c'eft la confervation & la perpétuité
des bois que l'on doit fe propofer.

On exceptoit auffi les domaines compris
dans le bail de Hacquin (1) ; le domaine de
Paris ; des droits domaniaux ; la nomina-
tion aux offices, &c.

Les adjudicataires feroient tenus d'acquitter les charges & rentes foncieres, d'entretenir des bâtimens, de rembourfer les finances des précédens engagiftes, & de payer
le prix de l'adjudication, moitié dans un
an, & l'autre moitié d'en payer la rente à
quatre pour cent.

____

(1) Même obfervation, e bail d'Hacquin exiftoit encore.

De faire un arpentage & bornage des domaines concédés.

De porter la foi & hommage, de fournir aveu, de payer les droits seigneuriaux aux mutations.

Les acquéreurs seroient exempts de franc-fief & de tous droits de confirmation & de joyeux avénemens.

Les étrangers auroient la faculté d'acquérir & de devenir régnicoles.

A l'expiration, les domaines rentreroient dans la main du roi qui rembourseroit les finances qu'il auroit reçues.

Enfin le produit de l'aliénation seroit employé à la liquidation des dettes de l'état.

On ne se livrera pas à toutes les observations auxquelles ce projets pourroit donner lieu.

Il suffit seulement d'observer qu'en général, le bail emphitéotique est le pire usage que l'on puisse faire de son bien, & que tous les inconvéniens, dont cette espece de négoce est susceptible pour les biens des particuliers, se rencontrent encore dans un degré bien plus éminent, dans les aliénations des domaines du roi.

D'abord le bail emphitéotique a ce très-grand inconvénient, quelque longue que soit sa durée, de ne transmettre à l'acquéreur qu'une jouissance très-timide & très-précaire : l'affection, qui résulte de l'esprit de propriété, qui est l'ame de la culture & des améliorations, manque totalement dans le bail emphitéotique. L'expérience prouve qu'on ne doit pas se flatter ni de tirer tout le prix des domaines par cette voie, ni de les faire mettre en valeur, & par-là d'augmenter la quantité des productions en tout genre ; c'est cependant le double objet que l'on doit se proposer : cela étant, pourquoi se lier les mains pour 99 ans ? C'est lâcher dans les domaines du roi des déprédateurs & des usurpateurs, à qui on donne tout le tems nécessaire pour cacher & masquer leurs usurpations.

Toute l'administration des domaines subsisteroit tant en régisseurs qu'en tribunaux ; les acquéreurs exposés à répondre à chaque instant a ces différens officiers & régisseurs, paieroient mal un bien qui les assujettiroit à beaucoup de vexations.

A l'expiration du bail, l'état se trouveroit chargé d'une grande dette , c'eſt-à-dire de l'obligation dè rembourſer les finances qu'il auroit reçues ; or , le public ſe perſua- deroit-il facilement que cette dette feroit bien acquittée ?

Toutes ces réflexions & beaucoup d'au- tres ſemblent devoir faire écarter définiti- vement le projet des baux emphitéotiques.

Paſſons au ſecond projet , celui d'aliéner le domaine par bail à rentes foncieres , pour en jouir & diſpoſer par les conceſſionnaires à perpétuité , comme de choſes à eux appar- tenantes , moyennant le paiement d'une rente fonciere.

Les conceſſionnaires acquitteroient les charges du domaine , & tiendroient les bâ- timens en bon état.

Ils feroient obligés avant la paſſation des contrats , de racheter la moitié de la rente , moyennant laquelle ils feroient reſtés ad- judicataires ſur le pied du denier vingt- cinq.

La foi & hommage & les aveux conti- nueroient d'être faits au roi.

Les bois qui ne feroient point partie des forêts du roi , feroient compris dans l'a- liénation.

Tous étrangers seroient admis à prendre ces concessions.

Les concessionnaires feroient la foi & hommage à chaque mutation pour les fiefs, & fourniroient leurs déclarations pour les rotures; ils feroient néanmoins dispensés de tous droits de lods & ventes aux mutations, mais paieroient seulement trois livres pour les fiefs, & dix sols pour les rotures.

Tous propriétaires d'héritages, chargés envers le roi de rentes nobles ou foncieres, ou autres charges, pourroient racheter lesdites charges au denier trente-trois, & les héritages resteroient chargés de trois deniers de cens.

Tous propriétaires de maisons ou héritages tenus du roi en fief ou en censive, pourroient de même s'affranchir de tous droits de quint & autres droits seigneuriaux, en réservant seulement au profit du roi un droit de trois livres à chaque mutation.

Les propriétaires de fiefs qui se feroient affranchis, pourroient de même affranchir les héritages venant d'eux, en se réservant la foi & hommage, & un droit de mutation

F 4

de trente fols fur les fiefs , & de cinq fous fur les rotures.

La maniere d'apprécier ce projet , eft d'envifager l'utilité qui en pourroit réfulter , en fuppofant qu'on en tentât l'exécution , & même qu'il fût pleinement exécuté.

1°. Il refte toujours des fiefs , des cens , des fois & hommages , des aveux, des cafuels feigneuriaux & une adminiftration.

2°. Il ne préfente autre chofe à faire que ce qui a déja été fait ou tenté bien des fois fans fuccès , ou du moins fans fruit; c'eft-à-dire que, fans changer les principes, il ordonne des aliénations qui reffemblent , à très-peu de chofes près , à toutes celles qui ont déja eu lieu jufqu'à préfent ; on les annonce comme devant durer à perpétuité, mais on l'a déja dit cent fois en pareil cas , & cela n'a pas empêché que cent fois on ne foit revenu contre cette parole , en admettant de nouvelles offres fur la finance principale ou fur les rentes foncieres , & toujours fur le principe que les domaines du roi font inaliénables, & que le roi peut y rentrer & les réunir à fa couronne , lorfqu'il le jugera à propos ; ainsi quand on redira encore une fois que les aliénations seront à perpétuité, le principe du droit de réunir n'est point détruit, non plus que l'opinion du public & sa juste défiance de semblables promesses. Or, chaque fois qu'on aura la crainte de révocation, on ne paiera pas, à beaucoup près, la juste valeur, & on ne s'appliquera pas à l'amélioration avec l'empressement, & cette activité que donne l'esprit de propriété.

Non-seulement l'édit que l'on a proposé, pour aliéner moyennnant des rentes, n'ôtera pas ces craintes, mais il seroit fait pour les inspirer, par la précaution qu'il prend de laisser le sceau de la domanialité sur tous les objets qui seroient aliénés, tandis que pour bien faire, il faudroit qu'ils la perdissent sans retour ; car tant que les acquéreurs seront sous la verge des préposés & des tribunaux du domaine, ils acheteront à bas prix, & ne feront rien d'essentiel pour l'amélioration.

D'autre part, la conservation des rentes & des foi & hommage, laisse nécessairement subsister une administration aussi éten-

due, auſſi compliquée, & auſſi coûteuſe
que celle qui a eu lieu juſqu'à préſent,
dès-lors les acquéreurs ſe trouveroient ſou-
mis à tout l'empire de cette adminiſtration,
à des recherches, à des vexations ; certainement ceux qui acquerroient ſous de
telles conditions, ne ſeroient & ne devroient jamais ſe regarder comme des propriétaires tranquilles & incommutables ; ils
ne ſeront que de véritables engagiſtes ſubor-
donnés, de droit & de fait, aux effets des
maximes reçues ſur l'inaliénabilité des domaines, & ils n'acheteront, ne paieront,
& ne cultiveront que comme tels.

On n'a point oſé propoſer de faire uſage
de ce projet pour les bois & forêts, parce
qu'on a parfaitement ſenti qu'avec cette
forme d'aliénation, il n'eſt pas poſſible d'a-
bandonner une forêt entre les mains d'un
acquéreur, parce qu'il la paieroit mal &
la dégraderoit. Or, ce qui arriveroit en
grand pour les forêts, arriveroit en petit
pour les autres domaines ; même inférior-
rité de prix, même dégradation, même
vice de culture.

Ainſi le projet que l'on vient de diſcuter,

ne mérite gueres plus d'accueil que le bail emphitéotique, on ne peut donc s'en occuper davantage.

L'auteur du troifieme projet a bien conçu que la loi de l'inaliénabilité pouvoit être attaquée ; mais n'ayant point de confiance au fuccès, il n'a ofé fe flatter de faire adopter le projet d'une aliénation abfolue, qui choquoit fi directement les idées reçues, qui tend à dépouiller le roi, entiérement & fans retour, d'une propriété qu'on a regardée jufqu'à préfent comme facrée.

La crainte des grandes contradictions mal fondées, mais fpécieufes, bien groffies par un monde de tribunaux intéreffés à les faire valoir, lui a fait craindre que le confeil ne pût prendre un parti auffi décidé : enfin, il a regardé la prévention comme invincible, & dès-lors il a jugé inutile de la combattre ; il s'eft attaché à chercher des tempéramens & des moyens de l'éluder.

Voulant donc que l'aliénation que l'on feroit ne reffemblât point à celles précédemment faites, ou plutôt qu'elle reffemblât à celles qui fe faifoient autrefois, qui

font conftamment regardées comme irrévocables, & que la forme fût affez puif-
fante pour déraciner le préjugé qu'on ne
peut rien acheter du roi avec fûreté, il
voudroit que le roi, paroiffant uniquement
occupé de la fûreté de fes fujets & de l'irrévocabilité des nouvelles aliénations qu'il
voudroit faire, établît, par une nouvelle
loi, une époque à compter de laquelle les
aliénations des domaines, qui ont été jufqu'à préfent le fymbole de l'inftabilité,
puiffent acquérir une ftabilité & une conf-
tance à toute épreuve.

Pour parvenir à ce but, l'auteur a re-
cours au droit féodal, & il y trouve un
moyen connu d'aliéner irrévocablement.

Tout feigneur peut inféoder & acenfer
le domaine de fa feigneurie. Par l'un &
l'autre de ces deux moyens, la propriété
fonciere paffe irrévocablement & incom-
mutablement entre les mains du vaffal; le
feigneur n'en conferve que la feigneurie,
plus ou moins utile, fuivant l'importance
du cens ou de la preftation qu'il fe réferve; le roi eft, fans contredit, en même-
tems propriétaire foncier & feigneur de fes

domaines, il peut user de la même faculté
qu'ont tous les autres seigneurs de fiefs de
son royaume, d'inféoder, d'acenser telle
partie de son domaine qu'il juge à propos.
L'inféodation sera pour les domaines nobles, tels que les terres & seigneuries
ayant censives & mouvances; l'acensement sera pour les simples fonds & héritages. Tel est le plan de l'auteur.

Comme il s'agit de tirer de l'utilité de
l'aliénation, l'auteur trouve dans la maniere d'inféoder & d'acenser, les ressources
que l'on doit se proposer.

Suivant la rigueur des principes, dans
l'inféodation, on ne doit se réserver que la
foi & hommage; mais suivant d'autres
principes, la foi & hommage peut être ra-
chetée par une prestation utile en argent
ou en grains, & le fief devient pour lors
ce qu'on appelle un fief restreint ou abre-
gé; mais il n'en conserve pas moins sa qualité de fief avec les mêmes droits sur les
vassaux.

Quant à l'acensement, il étoit originairement représentatif de la valeur de l'immeuble; ce n'est que par la suite des tems

que le cens en argent a diminué de valeur par les révolutions survenues dans celle des monnoies. Rien n'empêche que le roi, donnant aujourd'hui ses domaines à un juste cens, ne fixe la valeur du cens en grains, pour prévenir à l'avenir de pareilles variations.

Or, de même que l'on a proposé par le projet précédent de faire racheter sur le champ, & avant même la passation du contrat, la moitié de la rente foncière, l'auteur propose ce même moyen pour les inféodations & pour les baux à cens. Il trouve, dans la coutume de Paris, des principes sur le jeu de fief, qui autoriseroient cette opération ; effectivement cette coutume permet à un seigneur, en acensant son domaine, de recevoir des deniers d'entrée, ce qui diminue d'autant la censive annuelle qui doit rester sur l'immeuble. L'auteur remarque au surplus, que ce n'est qu'une affaire de pure forme, parce que le roi, qui n'a aucun seigneur suzerain qui puisse le gêner, est complétement le maître de faire racheter & amortir telles parties qu'il juge à propos, de la redevance pour la-

quelle il abandonne la propriété de ſes domaines.

Il penſe que ce projet peut remplir toutes
les vues que l'on doit ſe propoſer dans l'a-
liénation des domaines ; qu'il préſente un
moyen légal & conforme aux principes de
faire des aliénations irrévocables , de faire
perdre la qualité domaniale aux fonds que
l'on aliénera , & d'aſſurer la poſſeſſion &
jouiſſance des acquéreurs. Le roi ſe déba-
raſſeroit de la propriété fonciere qui lui eſt
vraiment onéreuſe ; il tireroit une reſſource
actuelle de cette propriété fonciere ; il conſerveroit en même - tems une ſeigneurie
utile, tout à-fait analogue avec la dignité
de ſa couronne, & dont la valeur devien-
dra peut-être même plus importante par la
ſuite que le produit actuel , au moyen de
ce que le revenu que le roi ſe conſerveroit,
ſeroit en grains ; qu'enfin l'adminiſtration
qu'il faudroit laiſſer ſubſiſter pour le recouvrement & la recette du cens & des preſ-
tations ſeigneuriales que le roi ſe réſerve-
roit, ſeroit infiniment moins compliquée
& moins coûteuſe que celle qui eſt néceſ-

faire pour l'exploitation de la propriété fonciere.

Ce troisieme projet laisse donc encore la
nation dans les liens de la féodalité, &
semble même l'y enchaîner plus fortement
que jamais.

Le projet précédent avoit du moins l'a-
vantage de les diminuer, & de les réduire
à peu de choses; ici tout subsiste, & le gouvernement demeure chargé d'une administration aussi vaste qu'auparavant; & ce que
l'on conserve est tout aussi sujet aux usurpations, que l'étoit ce qu'on auroit vendu.

Ce n'est pas tout, le moyen de d'inféodation, que l'on suppose être un titre parfaitement incommutable, n'est pas plus à
l'abri que celui d'engagement, de toutes
les révocations connues & pratiquées. Effectivement différens arrêts du conseil ont
ordonné la représentation des titres de tous
les détempteurs de fonds domaniaux, à
quelque titre que l'abandon leur en eût été
fait, & l'édit du mois d'avril 1667, en pro-
nonça la réunion, prescrivit les regles les
plus séveres pour la liquidation des finances,

ces, & soumit même à la revision les échanges & des acensemens.

Le roi, par arrêt du 21 novembre 1719,
ordonna la réunion à la couronne de tous
les domaines, de quelques qualités qu'ils
soient ou puissent être aliénés ; soit par engagement à faculté de rachat perpétuel, soit
à titre de propriété incommutable, inféodation, don, cession ou autrement, à quelque personne, pour quelque cause & dans
quelque tems que ce soit.

Il a été décidé au conseil, le 14 mars
1772, qu'une inféodation faite, il y a plus
de cent cinquante ans, des droits féodaux
du fief de la Herrelay en Normandie, n'é-
toit point à l'abri de la révocation portée
par l'arrêt du 26 mai 1771. Cette décision
a eu pour motif l'article 17 du réglement
général sur le fait du domaine de 1566,
qui défend que les terres du domaine soient
aliénées à titre d'inféodation ; d'où l'on a
conclu qu'à plus forte raison les aliénations,
à ce titre des droits de directe, dépendans
du domaine, sont prohibées ; que ces sor-
tes d'aliénations faites postérieurement, à
ce réglement, ont toujours été regardées

G

comme nulles, & n'opérant que de simples engagemens, dans lesquels nos rois étoient les maîtres de rentrer, même celles qui ont été faites en vertu d'édits postérieurs, qui autorisoient & promettoient une propriété incommutable, parce qu'on a regardé qu'il en résultoit une véritable aliénation du domaine, une diminution de ses droits, prohibée par les loix de l'état, & que ces loix étoient l'effet, non de l'usage légitime de la puissance souveraine, mais de l'abus de cette puissance, puisque le prince, qui les donnoit, & qui n'étoit qu'usufruitier du domaine de la couronne, entreprenoit cependant d'en disposer, même au-delà de sa jouissance & au préjudice de ses successeurs; qu'ainsi l'aliénation à titre de fief de la directe appartenant à sa majesté, à cause du domaine de Hertelay, faite en 1625, au sieur Cavelin, étoit nulle, & n'avoit opéré en sa faveur & de ses successeurs qu'un simple engagement des droits en dépendans, que dès-lors mad^e. de Canappeville & M. de Viray n'étoient qu'engagistes de ces droits, & par conséquent dans le cas de subir l'exécution des

(99)

arrêts des 26 mai & 16 juin 1771 ; par lefquels sa majesté a revoqué les aliénations
qui avoient été faites des droits seigneuriaux
casuels.

Cette décision n'est point la seule rendue
contre les aliénations faites à titre d'inféodation.

Le 4 novembre dernier (1) on a de même
décidé que les aliénations faites à ce titre,
en 1707, n'étoient que des engagemens,
& par conséquent sujettes aux révocations
des 26 mai & 16 juin 1771.

Il est donc inutile de se faire illusion sur
l'effet des inféodations, sous quelques formes qu'elles puissent être faites, puisqu'elles ne sont considérées par le conseil, que
comme de simples engagemens, & dès-lors
le public n'y prendroit aucune confiance ;
par conséquent cette forme dégénereroit en
jeu de mots sans aucune efficacité.

Ce dernier projet a été ensuite présenté
sous une forme un peu différente.

Les bois & forêts auroient été concédés
ainsi que les autres domaines, par voie

____

(1) Ceci s'écrivoit en 1776.

(100)

d'inféodation ou d'acenfement , moyennant des rentes & redevances annuelles féodales ou foncieres non rachetables.

Les mouvances feroient attachées au fief dominant de la province.

La valeur des bois exiftans dans les forêts , feroit fixée avant l'adjudication , & payée avant que d'entrer en jouiffance.

Les conceffionnaires des domaines & du fonds des bois feroient tenus, un mois après l'adjudication , de nantir entre les mains du roi le capital au denier 30 des neuf dixiemes de la rente , moyennant laquelle l'adjudication leur auroit été faite , au moyen de quoi le fervice des neuf dixieme de la rente feroit fufpendu.

Le roi fe réferveroit de rétablir , quand il le jugera à propos , le fervice des neuf dixiemes des rentes , en rendant le capital aux conceffionnaires.

M. de Beaumont, à qui ces projets avoient été communiqués , a fourni un mémoire , dans lequel il a rappellé les principes en matiere de domaine , qui en établiffent l'inaliénabilité ; il a cité les exemples des révocations faites en vertu de ces principes ;

il a craint en conséquence, 1°. les obstacles qui pourroient s'élever contre les aliénations; 2°. le peu d'utilité que l'on retireroit de cette opération; 3°. il est entré
dans des détails sur l'administration & les
aménagemens, & le produit des bois. Ainsi,
quant aux objections qui résultent des obstacles que l'on trouveroit pour l'aliénation
absolue, & pour l'utilité qu'on en retireroit,
elles se réduisent à une seule, car si l'on
pouvoit écarter les obstacles, on en retireroit
toute l'utilité possible.

Il est certain, comme l'a observé M. de
Beaumont, que les trois manieres propo-
sées d'aliéner le domaine, sont à-peu-près
également désavantageuses; elles ne peuvent inspirer aucune confiance aux acquéreurs, & dès-lors que la vente sera désavan-
tageuse, par une suite nécessaire les acquéreurs n'amélioreront pas: d'autre part, tous
les inconvéniens des droits féodaux & d'administration subsistent, & comme le revenu
seroit diminué au moyen du rachat, qui seroit ordonné tant des rentes existantes, que
de celles moyennant lesquelles les concessions seroient faites, le revenu qui res-

teroit ; ne fuffiroit point pour les gages &
attributions des officiers qui compofent
l'adminiftration actuelle , dont toutes les
fonctions fubfifteroient. L'état fe trouveroit
donc chargé de la même dépenfe à cet
égard , près avoir diminué fon revenu.

Il n'y a donc qu'une aliénation pure &
fimple fans aucune réferve , ni de rente ni
de directe , & une abolition entiere de tous
les droits féodaux réfultans des mouvances,
dont il fera permis aux vaffaux de fe libérer , qui puiffe premiérement difpenfer
d'une adminiftration , & faire un objet d'é-
conomie : fecondement , cette vente pure
& parfaite ne laifferoit fubfifter aucune
trace de la domanialité , ni de la féodalité ;
la liberté qui en réfulteroit en faveur des
fonds des vaffaux , flatteroit les acquéreurs,
& les détermineroit particuliérement à donner le meilleur prix , & à faire toutes les
améliorations dont les fonds feroient fufceptibles : troifiémement , fournir des fonds
fuffifans pour effacer une grande partie des
dettes de la nation , & par-là préparer une
grande diminution dans les impôts.

Mais pour infpirer cette confiance , qui

doit être l'ame de cette opération , il seroit
nécessaire d'établir , par le premier article
de l'édit , les distinctions que l'on a indiquées
au commencement de ce mémoire , & de
séparer pour toujours les droits inaliénables
de la couronne , & les fonds qui forment
le domaine public , & de déclarer que ces
droits & ces fonds sont les seules choses auxquelles le principe d'inaliénabilité est applicable , & que les fonds , droits fonciers &
féodaux de même nature que ceux des particuliers qui appartiennent au roi , & ont
appartenu à ses prédécesseurs, n'ont pu & ne
peuvent participer aux prérogatives, préé-
minences & inaliénabilité des attributs de
la souveraineté ; que ces fonds sont & seront
en tous points de la même nature, qualité
& condition que tous les autres biens im-
mobiliers du royaume ; que comme tels ,
ils sont soumis à l'administration & disposition parfaite & absolue du roi.

Cette définition & distinction une fois
solemnellement établie & reçue, on ne
pourra plus argumenter de l'ordonnance de
1566 & autres semblables.

Pour mieux convaincre le public de la

bonne foi de cette opération & de sa solidité immuable, on ne la souillera point par
aucune apparence de bursalité ; les acqué-
quéreurs seront admis à payer la totalité
du prix de leurs acquisitions en contrats &
effets liquidés de l'état, portant intérêt au
denier 25 , ou autre plus fort.

Pour les mieux faire jouir de cet avantage plusieurs acquéreurs pourront se réunir
pour donner en paiement un seul & même
effet, dont le montant excéderoit le prix de
de leurs acquisitions particulieres.

Les vassaux auroient la même faculté pour
le paiement des sommes auxquelles leur
affranchissement des rentes & droits féodaux
auroit été liquidé.

Pour s'assurer des meilleurs prix possi-
bles, & en même tems pour consacrer à
l'agriculture tous les fonds du domaine,
& faciliter aux classes inférieures le moyen
d'acquérir des propriétés, il seroit permis
aux communautés de faire, moyennant une
nouvelle mise, le retrait des fonds vendus
dans leur territoire, à charge de les divi-
ser par feu entre tous les habitans, qui ne
pourroient les vendre qu'à des cultivateurs
résidans sur les lieux.

On admettroit de même tous étrangers à acquérir avec la faveur de devenir régnicoles & dispense d'aubaine, en faisant valoir les fonds qu'ils auroient acquis.

Cette disposition assureroit non-seulement des acquéreurs & des prix avantageux, mais r'ouvriroit encore les portes de la France à une quantité de sujets expatriés, attireroit de nouveaux sujets, une nouvelle industrie, & par conséquent l'abondance & l'activité.

Les personnes les plus défiantes sur les dangers de la domanialité & sur le défaut de solidité des acquisitions faites avec le roi, ne pourront s'empêcher de sentir que lors même qu'ils s'obstineroient à envisager le domaine comme une chose décriée, les effets que l'on prend en paiement méritent encore moins leur confiance ; que dans leurs principes, pour une chose décriée, ils en donneroient une qui l'est davantage.

L'indemnité réglée par les coutumes, serviroit de regle pour le rachat des droits féodaux, & les rentes seroient rachetées sur le pied du denier quarante.

On ne comprendroit point dans cette vente les domaines aliénés avant l'édit de février 1566 , à moins que le contraire ne fût stipulé , parce que jusqu'alors les ventes étoient perpétuelles ; on ne revendroit point non plus les domaines vendus postérieurement à titre d'inféodation ou d'arrentement , parce que ces contrats ont toujours été regardés comme des titres perpétuels.

Mais tous les domaines engagés à faculté de rachat, & donnés à tems ou à vie , seroient aussi aliénés , ainsi que ceux tenus en parage : on n'aliéneroit ni la justice , ni le droit de disposer des offices, ni les greffes , amendes & confiscations , ni les péages , parce qu'on n'auroit jamais dû mettre ces objets hors de la main du roi. Les acquéreurs seroient exempts de tous droits féodaux qui seroient à jamais ôtés & effacés ; de tous droits de franc-fiefs, joyeux avénement, confirmation & ensaisinement.

Ils seroient tenus de mettre & entretenir tous les objets acquis en état de bonne culture.

Les lais & relais de la mer seroient compris dans l'aliénation , avec faculté aux nouveaux riverains de s'étendre sur la mer autant qu'il leur feroit poſſible, ſans nuire à la navigation.

On remettroit aux acquéreurs les titres du domaine.

Aucune adjudication ne ſe feroit au-deſſous du denier trente, & on établiroit quelques formalités pour le conſtater.

Il feroit libre à toutes perſonnes, dans les ſix mois de la publication & de l'enregiſtrement d'une adjudication, de faire une nouvelle miſe qui ne pourroit être moindre du quart; cette miſe du quart n'excluroit point l'adjudicataire qui pourroit demander la préférence; ſi elle étoit du tiers, elle excluroit l'adjudicataire, mais non point encore les communautés d'habitans; ſi la nouvelle miſe étoit de moitié, elle excluroit l'adjudicataire & leſdites communautés.

Les affranchiſſemens des cens, rentes & droits féodaux, pourroient ſe faire, tant dans les domaines engagés, que dans ceux donnés à vie & même à titre d'apanage, ſauf aux engagiſtes à remettre leſdits domaines, & à faire liquider leur finance. Quant aux princes apanagés, le roi leur conſtitueroit la rente au denier trente des

capitaux qui auroient été payés pour affranchiffement.

Les vaffaux ne feroient cependant admis
à s'affranchir qu'en juftifiant qu'ils ont ac-
quitté les droits de mutation arrivés pendant les trentes dernieres années.

Lorfque les feigneurs des terres & fiefs
relevans du roi, fe feront affranchis envers
le roi, fa majefté leur accordera la permiffion d'affranchir leurs vaffaux.

Ne voulant point ordonner actuellement
aux vaffaux du roi de s'affranchir, mais feulement leur en donner la faculté, on or-
donneroit à tous nouveaux poffeffeurs, foit
à titre de fucceffion, foit à titre d'acquifition, de racheter les cens, rentes & autres
droits fonciers & féodaux ; ainfi l'opération
à l'égard du roi fe termineroit néceffairement dans un certain nombre d'années.

Les fucceffions étant de droit civil & un
bienfait de la loi ; le roi peut impofer telle
condition qu'il juge à propos au droit de
les recueillir.

Lorfque l'opération fera confommée, on
fera naturellement invité, eu égard à l'inutilité des actes de foi & hommage, des ter-

riers & autres inftrumens de la féodalité ,
de les facrifier totalement à la tranquillité
du public , & d'en décharger les dépôts des
chambres des comptes & autres ; avec dé-
fenfe de s'en aider à l'avenir.

Pour preffer davantage cette opération,
on inviteroit les vaffaux à fe réunir par
corps de feigneurie ; pour recevoir en-
femble un feul & même acte d'affranchiffement, avec remife d'un cinquieme fur les
droits d'affranchiffement , & de remife de
tous droits fur les actes néceffaires à cette
réunion.

Comme la féodalité convient encore
moins aux gens de main-morte qu'à tous
autres , il paroît effentiel de leur procurer
le moyen de fe débarraffer d'un genre de
propriété auffi incommode pour eux que
pour leurs vaffaux.

Les bénéficiers & communautés ne pou-
vant aliéner, il eft effentiel de pourvoir
en même tems à la libération de leurs vaffaux , & à la confervation des intérêts des
communautés & bénéficiers : on eftime qu'il
n'y a point de moyens plus propres pour
réunir ces différens intérêts, que d'autori-

fér les bénéficiers & communautés à liquider, avec leurs vaffaux, les droits que
ceux-ci doivent payer pour leur affranchiffement, les autorifer à en payer le prix entre les mains du receveur-général du clergé,
qui en conftitueroit la rente au denier trente,
à chacun des bénéficiers & communautés,
auxquelles les fommes reçues appartien-
droient.

Par cette opération, chaque bénéficier
augmenteroit fon revenu, puifque la rente
que le clergé lui conftitueroit, feroit plus
forte que les produits de fes rentes & mouvances, & fe trouveroit délivré de toutes
inquiétudes & procès de toute régie : d'autre part le clergé acquitteroit fes dettes,
& fimplifieroit l'adminiftration de fes affaires.

Ces opérations, à l'égard des feigneurs
eccléfiaftiques & laïcs, ne feront cependant permifes que quand celle du domaine
fera achevée ou fort avancée, mais il convient cependant de les annoncer comme
en étant la fuite & le complément.

L'aliénation du domaine fe trouvant à
la fois faite, d'après des principes qu'il

fuffit d'expofer , pour en faire fentir la vérité, étant d'ailleurs réunie à la libération
des dettes de l'état, à l'abolition de la féodalité, au rétabliffement de l'agriculture,
& devenant une efpece de contrat avec les
nations étrangeres , dont les individus font
autorifés à acquérir ces fonds , & en même
tems la qualité de régnicole & les droits de
citoyen ; cette opération décompofant tous
les fiefs & arriere-fiefs , & établiffant une
liberté réelle & perfonnelle abfolue , doit
obtenir d'autant plus de confiance , qu'il
feroit impoffible de revenir contre. On a
lieu de croire que les peuples la verront
avec des tranfports de joie, & que toutes
les provinces en prefferoient l'exécution ;
qu'aucun des tribunaux fupérieurs n'appor-
teroit de réfiftance à une opération jufte ,
fage , utile & heureufe, qui auroit l'appro-
bation univerfelle des peuples , qu'ils feroient les premiers à folliciter l'enregiftre-
ment d'un édit qui eft en effet le moyen le
plus confidérable qui foit à la puiffance du
roi , d'acquitter les dettes de l'état, de diminuer les impôts, & de délivrer les peuples des fervitudes feigneuriales ; on fe per-

-fuade même que les parlemens feroient des remercîmens au roi, d'avoir bien voulu pourvoir à l'acquittement des dettes de l'état, d'une maniere nullement onéreufe, & d'avoir rendu à l'agriculture tant de fonds que la qualité de domaine royal rendoit ftériles ; enfin, d'avoir tranché toutes les difficultés féodales, en rappellant tout à la liberté, fans avoir bleffé les droits d'aucun citoyen.

Il paroît que l'on eft dans les vraies cir- conftances de faire cette opération Les denrées de premier befoin font à bon mar- ché, le peuple eft content, fon cœur eft agité par l'efpérance la plus douce d'un régne heureux ; il eft plein de confiance en la bonté du roi & dans fa juftice, ainfi qu'en la probité, aux lumieres & aux bonnes in- tentions du confeil ; il eft tems ou jamais de faire cette falutaire opération.

Quoique l'on ait démontré que le principe d'inaliénabilité ne foit pas plus applicable aux bois & forêts qu'aux autres fonds, il paroît cependant fage de ne pas les mettre actuellement en vente, car la totalité du domaine formeroit une furabondance dans

la

la quantité des chofes à vendre, & en diminueroit le prix. Cette partie ayant fon adminiftration particuliere, on peut la laiffer à part en s'occupant d'abord de la vente des autres domaines, de l'affranchiffement des rentes & droits féodaux, & de la décompofition de ces deux adminiftrations.

Le fuccès que l'on obtiendra fur ces deux objets, décidera de ce que l'on aura à faire fur les bois.

La vente des domaines fe feroit dans les formes ordinaires, pardevant des commiffaires du confeil, enfuite d'afficher à Paris & fur les lieux.

Quant à l'affranchiffement des droits féodaux, on établiroit un bureau de liquidation, un de recette, & un pour l'expédition des affranchiffemens.

Les frais ne pourroient être confidérables; quinze ou dix-huit deniers pour livre les paieroient tous.

PROJET D'ÉDIT.

LOUIS, &c.

L'ÉCONOMIE que nous portons dans toutes les parties de l'adminiſtration, nous a conduits à nous faire rendre compte de celle de nos domaines. Nous avons eu lieu d'être ſurpris que de tant de vaſtes poſſeſſions, dont le revenu ſuffiſoit à l'entretien de la maiſon royale, & preſque à toutes les dépenſes publiques, il n'en reſte en nos mains qu'une très-petite quantité, qui eſt dans une ſituation infiniment inférieure à celle des fonds de nos ſujets, qu'une grande partie a été uſurpée ſans qu'il ſoit poſſible de les recouvrer ; uſurpation qui s'accroît journellement, & qui abſorberoit inévitablement tout ce qui nous reſte de ces poſſeſſions ; qu'une autre partie a été aliénée à des prix d'autant moins avantageux, que l'incertitude du genre de propriété qui réſulte de l'inaliénabilité qui a été attribuée à ces fonds, n'a point permis de les porter à leur valeur, ni même d'y faire les améliorations dont ils étoient susceptibles, puisque cette amélioration auroit servi de prétexte pour provoquer une revente.

Nous avons reconnu d'autre part qu'un genre de possession, qui s'est introduit dans les tems où l'autorité royale étoit presque entiérement éclipsée, a séparé, presque par-tout, le domaine direct du domaine utile, a donné lieu à une multitude de droits & redevances d'une perception difficile & également incommode aux seigneurs & aux vassaux; à une foule de devoirs & de servitudes, à des simulacres d'engagement résultans des fois & hommages; que depuis long-tems on a reconnu ne pouvoir point avoir d'objet envers des sujets à qui le droit de faire la guerre ne peut appartenir; que cette forme de possession & de service nous est inutile, par les frais qu'exige la perception de ces droits, & parce que les liens de la féodalité de nos sujets envers nous ne peuvent rien ajouter à leur devoir, à leur amour & à leur attachement inviolable pour notre personne; cependant l'exercice de ces droits est une source péri-

pétuelle de procès ruineux, de vexations
fur les peuples, & forme un obftacle invincible à la culture des terres & au féjour
de plufieurs particuliers dans les campagnes. Nos peuples des différentes provinces
de notre royaume nous ont fait parvenir
leurs juftes réclamations contre ces droits
abufifs, en follicitant les fecours de notre
autorité. Il nous a paru digne de notre ten-
dreffe de les écouter, & de pourvoir à leur
tranquillité par les moyens que notre fageffe nous a fuggérés, en ménageant néanmoins, tant nos intérêts que ceux des feigneurs. Ce genre de propriété féodale nous
eft non-feulement défavantageux, mais il
l'eft auffi à nos fujets des différentes claffes,
foit au clergé que fes occupations & fes
devoirs éloignent des foins fuivis & minu-
tieux qu'exige ce genre de propriété, foit
à la nobleffe, peu exercée aux formalités
néceffaires pour les conferver, foit aux
gens de loi, deftinés par état à vivre loin
de leurs poffeffions, foit enfin à la claffe
des laboureurs, continuellement agités &
diftraits par des demandes qu'ils conçoi-
vent peu, & qui les enlevent aux travaux

précieux de l'agriculture. Nous avons d'ailleurs conftaté que les propriétés foncieres
qui nous reftent ne nous font d'aucune utilité, parce que les produits fuffifent à peine
aux frais d'adminiftration; leur non-valeur
caufe une perte immenfe tant à nous qu'à
nos peuples; cette propriété n'eft utile
qu'entre les mains des fujets dont le la-
beur, l'induftrie & l'activité ne peuvent
être fuppléés par une adminiftration compliquée, affujettie à des formes, établies
à la vérité pour la confervation des fonds;
mais ce font précifément ces formalités qui
les ont rendus inutiles dans nòs mains.

Nos derniers prédéceffeurs pénétrés de
ces vérités, après avoir tenté inutilement
plufieurs moyens de garantir ces fonds de
l'ufurpation, de recouvrer ceux qui avoient
été ufurpés, & de les faire valoir felon leur
poffibilité, ont cherché différens moyens
de les faire paffer dans les mains des fujets; mais les principes d'inaliénabilité
qu'on avoit étendus jufqu'à ces fonds,
n'ont point permis de les vendre avantageu-
fement, de forte que ces aliénations ont
fouvent été révoquées, tant en vertu du

principe d'inaliénabilité qu'à cause de la
léfion que le droit de racheter avoit occa-
fionnée. Ainfi, dans l'impoffibilité de tirer un revenu effectif de nos domaines, ni
de les aliéner d'une maniere utile, l'état
a éprouvé le vuide immenfe des productions que ces fonds mieux cultivés euffent
produit, & des revenus que l'on devoit
en attendre ; il a donc fallu y fuppléer
par des impôts, d'autant plus onéreux pour
nos peuples, que nos fonds n'y contri-
buoient point pour leur portion.

L'examen que nous avons fait des caufes de ce défordre nous a fait voir que le
principe d'inaliénabilité avoit été mis en
vigueur, dans un tems où nos prédéceffeurs devoient s'en aider, pour recouvrer
les droits véritablement inaliénables de la
fouveraineté, qui avoient été ufurpés ; on
étendit ce principe au-delà de fes limites,
parce qu'il devoit encore fervir à remettre
dans la main de nos prédéceffeurs des fonds
qui n'en étoient fortis que par des moyens
qui ne pouvoient mériter que les aliénations fuffent entretenues. Mais dans le fait,
ces fonds, qui n'étoient point d'autre na-

ture que ceux des particuliers, qui étoient régis par les mêmes usages, qui, par leur nature, ne pouvoient participer à l'essence des droits régaliens, ni par conséquent, à leurs priviléges; puisqu'ils pouvoient exister séparément, l'autorité avoit toute sa plénitude sans la possession de ces fonds, & ces fonds en être détachés sans changer de nature ni de qualité. C'est sans doute abuser des principes que de les appliquer à des choses si différentes; l'union de ces fonds à la couronne est étrangere à la constitution de la monarchie. Ce n'est donc point une loi fondamentale que celle qui défend de les aliéner, mais seulement une loi économique & d'administration sujette à la revision, à la correction & à la révocation, ainsi que les autres loix. On l'avoit même senti en déclarant que les fonds qui n'étoient pas cultivés pouvoient être aliénés, de sorte que la seule circonstance de l'état de culture ou de friche, pouvoit alternativement rendre un fonds aliénable ou inaliénable, ce qui suffit pour démontrer la mauvaise application du principe.

H 4

Mais en l'admettant, l'état d'inutilité de ces fonds les rend néceffairement aliénables ; il étoit donc de notre devoir de rechercher les moyens d'en faire l'emploi le plus avantageux pour nos peuples & pour nous. Nous avons penfé qu'il feroit également jufte, en expliquant le principe de l'inaliénabilité, de le ramener, & reftreindre à fon véritable objet les droits de la fouveraineté, qui ne peuvent être exercés & poffédés que par la puiffance fouveraine dont ils font l'apanage & la conftitution, parce que la fauffe application qui en a été faite à des fonds, les a frappés de ftérilité. Il eft donc preffant de revenir de cette erreur, & de réparer autant qu'il eft en nous les ravages qu'elle a caufés ; il importe peu pour la richeffe & la profpérité de notre royaume, & pour le bonheur de nos peuples, qui font les feuls objets dont nous devions nous occuper, que la propriété refte en nos mains ; l'objet intéreffant eft qu'ils produifent tout ce qu'ils peuvent produire, & que la propriété que nous en aurons transférée foit incommutable, que

les acquéreurs ne puiffent plus à l'avenir
avoir la moindre inquiétude, & qu'ils fe
livrent, au contraire, avec la plus grande
fécurité & la plus parfaite tranquillité, à
la culture & à l'amélioration des fonds dont
ils feront devenus réellement propriétaires.
La difpofition que nous ferons de ces fonds,
à titre de propriété incommutable, moyennant le prix le plus avantageux, en paiement duquel on pourra nous donner les
contrats & effets liquidés dûs par l'état,
anéantira une grande partie des dettes de
la nation, fubrogera naturellement les acquéreurs aux créanciers de l'état. Nous devons d'autant mieux nous porter à cet ar-
rangement, que fi nous tardions encore,
ces propriétés vouées à l'abandon & à l'u-
furpation, ne préfenteroient bientôt plus
aucune reffource; la dette de l'état refte-
roit entiere, après avoir perdu le moyen
de la diminuer fans rien prendre fur les
revenus effectifs de l'état: bien plus, ils
s'augmenteront par cette opération, parce
que ces fonds, mis dans le commerce, fup-
porteront les impôts, procureront à une
claffe nombreufe de notre peuple le moyen

d'acquérir des propriétés qui , fixant leur patrie d'une maniere visible, y attacheront de plus en plus leur affection, & augmenteront leur induſtrie. La faculté que nous accorderons aux étrangers d'acquérir de ces fonds , & de devenir régnicoles par la culture & l'habitation , favoriſera, d'une part, une vente plus avantageuſe , & leur facilitera les moyens de s'établir dans notre royaume, conformément à leurs fréquentes demandes ; leur induſtrie ne pourra qu'exciter celle de nos ſujéts , & leurs méthodes de culture ſeront des leçons pratiquées très efficaces.

D'un autre côté , la liberté que nous procurerons aux habitans de la campagne, contribuera à leur faire affectionner leurs travaux & leurs habitations ; dégagés des liens des ſervitudes féodales , ils jouiront des avantages d'une propriété ſans mélange; ils ſe livreront à des améliorations qui ne feront point partagées , & qui ſeront ſuivies d'une population heureuſe & nombreuſe; nous aurons par ces moyens ſoulagé notre adminiſtration de tout ce qui a rapport au domaine , l'état d'une très - grande

partie de fes dettes ; les créanciers auront
eu la faculté de fe procurer des fonds pour
la valeur de leurs contrats ; les feigneurs
particuliers qui profiteront de la permiffion
d'affranchir leurs vaffaux & mouvances , fe
trouveront dans les mains, des capitaux
d'un emploi facile , en place de quelques
foibles revenus contentieux, & tous nos
peuples jouiront d'une tranquillité d'autant
plus profonde , que les propriétés feront
plus fimples, les loix & par conféquent
les objets de conteftation moins multipliés.
Toutes ces importantes confidérations nous
ont déterminés à rétablir l'ordre naturel &
véritable dans les principes du domaine &
des propriétés dont on n'auroit jamais dû
s'écarter, & de former une époque à compter de laquelle les acquéreurs des fonds ,
que nous & nos prédéceffeurs avons poffédés,
demeurent aliénés d'une maniere abfolu-
ment irrévocable ; nous ramenerons le droit
de propriété à fa vraie forme ; il eft tems
de lui rendre une fimplicité dont la priva-
tion a caufé de fi grands maux.

Soit que l'on confidere nos immeubles
comme ayant fait , dès le principe , la por-

tion de la souveraineté, soit qu'ils aient été acquis par d'autres moyens, leur inutilité les condamne à rentrer dans le commerce ; nous avons le droit de l'ordonner, tant à raison de l'administration qui nous appartient, & que nous devons rendre la meilleure possible, qu'en vertu du domaine éminent qui nous donne le droit de disposer, pour la nécessité & l'utilité publique, des propriétés même des particuliers. D'autre part, la supériorité féodale qui nous appartient sur tous les biens féodaux de notre royaume, nous donne le droit de renoncer au genre de servitude qu'elle impose à nos vassaux & arriere-vassaux ; la propriété de nos vassaux sur leurs inféodataires étant subordonnée à la nôtre, si nous rompons à leur égard les liens de la féodalité, le lien des arrieres-vassaux ne peut plus subsister, parce que ce lien manque alors du terme où il doit aboutir, puisque c'est à nous que doit être reporté tout engagement féodal.

Après avoir précédemment dispensé les uns & les autres du service militaire, nous voulons les faire jouir des derniers effets de la protection qui les a souftraits, par degré, à l'esclavage de la féodalité, confommer le bienfait de leur liberté entiere pour leurs perfonnes & pour leurs fonds, en ne laiffant entr'eux & nous que les rapports de la fouveraineté, de la protection & de l'amour le plus tendre. Mais, comme il eft effentiel que toutes les aliénations du domaine reçoivent, en vertu du préfent édit, le caractere d'irrévocabilité, nous ordonnerons, à l'égard des précédens engagemens, l'exécution des anciennes loix, en révoquant lefdits engagemens, pour tranfmettre ces mêmes fonds à un nouveau titre.

Pour parvenir à remplir ces vues & ces devoirs paternels, on nous avoit propofé l'aliénation de nos domaines, foit à titre de baux emphitéotiques, de baux à rentes foncieres perpétuelles, ou à titre d'inféodation, avec obligation de racheter à l'inftant la plus grande partie des rentes ; mais ces moyens laiffoient fubfifter les inconvéniens de la féodalité & de la domanialité, ainfi que le poids d'une adminiftration coûteufe pour nous & incommode à nos peuples ; nous avons rejetté ces moyens, pour nous attacher à ceux qui confacrent à jamais les

fonds que nous poſſédons, à devenir le
patrimoine de l'agriculture, & à rendre à
la nation ſes droits les plus anciens de fran-
chiſe & de liberté. Nous avons d'ailleurs
reconnu que ce moyen étoit le plus prompt,
le plus conſidérable & le plus ſûr, de parvenir à diminuer les impôts, objet cher &
ſacré que nous ne ceſſons d'avoir devant les
yeux. Pour procurer à cette opération toute
la confiance qu'elle mérite de la part de nos
peuples, nous l'avons attachée à leur propre
liberté, à la nature de leurs propriétés,
à l'acquittement des dettes de notre état,
& à tout ce qui peut nous mettre, ainſi
que nos ſucceſſeurs, dans l'impoſſibilité
d'altérer les diſpoſitions d'une loi dictée
par notre amour pour nos peuples, &
comme le gage le plus fort que nous puiſ-
ſions leur donner de notre bienveillance ;
leur bonheur eſt pour nous un devoir, &
l'objet conſtant de nos occupations & de
nos vœux. Nous penſons que le meilleur
moyen de leur procurer tout celui dont
l'humanité eſt ſuſceptible, c'eſt de leur
aſſurer la liberté, la propriété & l'abondance, & que nous reſſerrerons de plus en

plus, par, par nos bienfaits, le lien d'a
mour & de confiance qui nous unit à nos
peuples.

A CES CAUSES, &c.

Les difpofitions de ce projet d'édit font
comprifes en foixante-dix-fept articles ;
mais on croit inutile de les donner à préfent, on les offrira aux états-généraux avec
les motifs de chacun, s'ils adoptent ce
moyen d'éviter les emprunts, de rendre
aux campagnes des habitans & des capitaux. On verra, dans des mémoires qui
vont s'imprimer, combien il eſt preſſant &
important de mettre l'agriculture en état de
fournir les denrées que nous tirons annuellement, pour des fommes immenfes, de
l'étranger.

F I N.

9 782019 963491